MW01697815

Mosaik

bei GOLDMANN

Buch

Ob Christian, Thomas oder Naomi – ein Name begleitet uns das ganze Leben. Darum achten immer mehr Eltern auf originelle und einzigartige Namen, die die Persönlichkeit ihres Kindes noch weiter unterstreichen.

Über 3000 Vornamen aus aller Welt und eine Vielzahl an Sonderformen, Abkürzungen und Varianten hat Dietrich Voorgang in diesem Buch zusammengestellt. So erfährt man alles über Herkunft, Bedeutung und Schreibweise.

Von Dietrich Voorgang außerdem bei Mosaik bei Goldmann:

Nordische Vornamen (16557)
Die schönsten Vornamen (16758)

Dietrich Voorgang (Hrsg.)

Vornamen aus aller Welt

Von Alissa bis Zoltán

Mosaik
bei GOLDMANN

FSC
Mix
Produktgruppe aus vorbildlich
bewirtschafteten Wäldern und
anderen kontrollierten Herkünften

Zert.-Nr. SGS-COC-1940
www.fsc.org
© 1996 Forest Stewardship Council

Verlagsgruppe Random House FSC-DEU-0100
Das für dieses Buch verwendete FSC-zertifizierte Papier *Munken Print*
liefert Arctic Paper Munkedals AB, Schweden.

3. Auflage
Vollständige Taschenbuchausgabe November 2002
Wilhelm Goldmann Verlag, München,
in der Verlagsgruppe Random House GmbH

Umschlaggestaltung: Design Team München,
unter Verwendung eines Fotos von Bavaria/A. Tilky
Satz: Uhl + Massopust, Aalen
Druck und Bindung: GGP Media GmbH, Pößneck
Kö · Herstellung: Max Widmaier
Printed in Germany
ISBN-10: 3-442-16490-7
ISBN-13: 978-3-442-16490-5

www.goldmann-verlag.de

Vorwort

!

Jeder Mensch ist eine einzigartige Persönlichkeit. Viele Eltern überlegen deshalb, ob sie ihrem Kind einen ganz besonderen Namen geben sollen. Durch den zunehmenden kulturellen Austausch – Reisen ins Ausland, Zuzug ausländischer Mitbürger und die weltweit immer stärkere Kommunikation – kommen wir immer häufiger mit Menschen anderer Kulturen und mit anderen Namen in Berührung. Es ist vorauszusehen, dass im deutschen Sprachraum heute noch ungewöhnliche Vornamen zunehmend an Bedeutung gewinnen werden. Warum also nicht auch für das eigene Kind einen ausgefallenen und besonders wohl klingenden Namen auswählen? Dieses Buch listet – nach Mädchen- und Jungennamen getrennt – über 4500 Vornamen aus aller Welt auf, die im deutschen Sprachraum weniger bekannt sind.

Das Buch ist nicht für Sprach- und Namensforscher bestimmt, sondern für alle, die sich für ausgefallene Vornamen interessieren und vielleicht die Bedeutung eines Vornamens nachschlagen wollen, außerdem für Eltern, die einen Vornamen suchen.

Bedenken Sie bei der Auswahl eines Vornamens unbedingt Folgendes: Das Kind muss mit seinem Namen ein Leben lang auskommen, er kann sich sogar auf seine Persönlichkeit auswirken. Der eigene Vorname gehört zu den Worten, die ein Mensch am häufigsten hört. Sehr ausgefallene Namen können einem Kind schon in der Schule Schwierigkeiten bereiten. Später kommt die Schwierigkeit hinzu, einen ungewöhnlichen Namen immer wieder buchstabieren zu müssen. Bedenken Sie auch, wie ein Name aus einem anderen Kulturkreis im deutschen Sprachraum wirken wird. Ein Name aus dem islamischen oder hinduistischen Bereich könnte beispielsweise zu dem Schluss verleiten, dass der Namensträger dieser Religion angehört. Ein japanischer, amerikanischer oder afrikanischer Name könnte den Gedanken aufkommen lassen, dass ein Elternteil aus einem dieser Länder stammt. Schließlich sollten Sie bei Ihrer Entscheidung auch berücksichtigen, ob Vor- und Nachname zueinander passen. Es wirkt sicher etwas merkwürdig, wenn Sie beispielsweise einen indianischen oder einen japanischen Vornamen mit einem urdeutschen Nachnamen kombinieren.

Den Ausschlag sollte immer das Wohl Ihres Kindes geben.

Das Kindeswohl steht auch im Namensrecht an oberster Stelle. Die

! Eltern sind bei der Auswahl des Vornamens zwar frei, diese Freiheit wird aber durch das Kindeswohl eingeschränkt. Grundsätzlich muss der Vorname zwei Kriterien genügen: Er muss als Vorname geeignet sein und eindeutig das Geschlecht kennzeichnen. Nicht geeignet sind anstößige, lächerliche oder anderweitig belastende Vornamen. Die Eintragung solcher Vornamen wird ein gewissenhafter Standesbeamter ablehnen. Nicht infrage kommen beispielsweise »Lucifer« oder »Rasputin«. Ferner sind aus religiösen Gründen in Deutschland die Namen »Jesus« und »Christus« nicht zugelassen. Vornamen, die das Geschlecht nicht eindeutig bezeichnen – und davon gibt es bei den ausländischen Vornamen sehr viel mehr als im Deutschen – dürfen zwar erteilt werden, allerdings muss dann ein das Geschlecht eindeutig bezeichnender Zweitname hinzugesetzt werden.

Vornamen aus fremden Kultur- und Sprachbereichen dürfen grundsätzlich gegeben werden, sofern sie im jeweiligen Herkunftsland als Vornamen gebräuchlich sind. Es ist nicht maßgeblich, ob diese Namen im deutschen Sprachbereich verbreitet oder bekannt sind oder ob es statt eines ausländischen Namens auch eine entsprechende deutsche Form gibt. Es können auch verschiedene Vornamen miteinander kombiniert werden, die nicht aus dem selben Kulturkreis stammen müssen.

Allerdings müssen fremdsprachige Vornamen dem deutschen Namensrecht genügen; der Name darf also nicht dem Kindeswohl widersprechen und irgendwie anstößig wirken. Außerdem muss das Geschlecht eindeutig erkennbar sein. Für ausländische Eltern oder Paare mit einem ausländischen Elternteil gelten teilweise gesonderte Bestimmungen, auf die hier nicht näher eingegangen werden kann.

Wünschen die Eltern für ihr Kind einen ungewöhnlichen Vornamen, müssen die Standesbeamten sich davon überzeugen, dass es sich um einen Vornamen handelt und ob er das Geschlecht eindeutig bezeichnet. Dazu ziehen sie verschiedene Quellen heran, insbesondere das Internationale Handbuch der Vornamen. Ist ein Vorname dort verzeichnet, wird er ohne weiteres akzeptiert. In dem vorliegenden Buch sind auch Vornamen aufgeführt, die in dem Handbuch nicht verzeichnet sind. Weigert sich ein Standesbeamter, einen solchen Vornamen zu akzeptieren, können die Eltern gegen diese Entscheidung klagen. Das Verfahren kann sich über mehrere Instanzen hinziehen. Bis zu einer endgültigen Entscheidung bleibt die Eintragung im standesamtlichen Geburtenbuch offen.

Der Ausgang eines solchen Gerichtsverfahrens ist nicht vorherzusagen. Bei der Entscheidung kommt es (leider) sehr auf den Richter an. In der Regel haben aber Eltern gute Karten, die nachweisen können, dass der von ihnen gewünschte Vorname in einem Vornamenbuch aufgeführt ist. Aus diesem Grund sind am Schluss dieses Buches alle verwendeten Quellen aufgeführt, in denen jeder hier aufgeführte Vorname mindestens einmal belegt ist.
Wenn Sie die Gefahr einer solchen gerichtlichen Auseinandersetzung umgehen wollen, sollten Sie sich vorher beim Standesamt erkundigen, ob Ihr Wunschname ohne Schwierigkeiten akzeptiert wird. Am einfachsten ist es, wenn Sie zwei oder drei Alternativnamen haben, auf die Sie notfalls ausweichen können. Wollen Sie jedoch einen Namen unbedingt durchsetzen, können Sie sich zusätzliche Schützenhilfe bei der Gesellschaft für deutsche Sprache holen. Gegen eine Gebühr von 76 DM können Sie dort ein Gutachten in Auftrag geben. Die Gebühr wird allerdings auch fällig, wenn das Gutachten zu dem Schluss kommt, dass der Name ungeeignet ist. Hier die Adresse: Gesellschaft für deutsche Sprache, Spiegelgasse 11, 65183 Wiesbaden. Einen ähnlichen Dienst bietet auch der Namen-Service von Dr. Lutz Jacob, Ratzelstr. 57, 04207 Leipzig.

!

Wenn Sie für Ihr Kind einen ausländischen Vornamen auswählen, sollten Sie sich über die Aussprache informieren. Häufig weichen Schreibung und Aussprache voneinander ab, vor allem bei Namen aus dem slawischen Sprachraum, aber auch bei englischen, französischen, italienischen und spanischen Vornamen. Eine Wiedergabe der entsprechenden Aussprache durch eine Lautschrift ist in diesem Buch nicht möglich.
Von manchen Vornamen gibt es verschiedene Schreibweisen. So kommt es beispielsweise darauf an, ob ein arabischer Name aus der arabischen Schrift ins Englische oder ins Deutsche übertragen wird. Der Laut »i« kann etwa im Englischen durch »ee« wiedergegeben werden, im Deutschen durch »i«. Im Zweifelsfall sollten Sie die im deutschen Sprachraum einfacher zu schreibende Fassung vorziehen. Aber auch andere Schreibweisen scheiden nicht von vornherein aus.
Hier noch einige weitere Hinweise: Die Anzahl der Vornamen ist nicht beschränkt. Mehrere Vornamen können durch Bindestrich miteinander verbunden werden. Mehr als zwei Vornamen sind aber nicht zu empfehlen.
Zum Aufbau dieses Buches und der Erklärung der Namensbedeutungen noch folgende Hinweise: Mädchen- und Jungennamen werden getrennt

! aufgeführt. Namen, die für beide Geschlechter gebräuchlich sind, werden in beiden Teilen genannt. Häufig werden mehrere Namenformen genannt, besonders Varianten in den verschiedenen europäischen Sprachen. Deshalb finden sich auch Vornamen althochdeutscher Herkunft, von denen Ableitungen angegeben sind.

Bei den Vornamen, die aus dem Althochdeutschen stammen, werden die Bedeutungen der Namensbestandteile getrennt angegeben, da die Bestandteile schon früh mehr oder weniger beliebig zusammengesetzt wurden, sodass sich häufig keine Sinneinheit mehr erkennen lässt. Auch bei Vornamen aus fremden Sprachen lässt sich häufig keine exakte Namensbedeutung angeben, sondern nur, von welchen Worten sie abgeleitet sind oder welche Bedeutung der dem Namen zugrunde liegende Begriff hat. Oft ist die Deutung unsicher oder es kommen mehrere Deutungen infrage. Nicht immer lässt sich angeben, aus welcher Sprache ein Name ursprünglich stammt. So können manche Namen beispielsweise aus dem Althochdeutschen oder aus dem Altenglischen abgeleitet werden.

Manche Namensbedeutungen lassen sich unmittelbar auf den Namensträger beziehen, z.B. Amata = die Geliebte. Andere Namen sollen dem Namensträger bestimmte Eigenschaften zuschreiben. Solche Eigenschaften müssen häufig durch Interpretation erschlossen werden. Beispielsweise soll ein Name, der Bär bedeutet, nicht besagen, dass der Namensträger Ähnlichkeit mit einem Bären hat, sondern der Name soll ihm etwa die Stärke des Bären zuschreiben. Bei solchen Interpretationen müssen die kulturellen Unterschiede berücksichtigt werden. Während beispielsweise die Schlange im christlichen Kulturkreis ein negatives Symbol ist, kann sie in der griechischen Mythologie durchaus etwas Positives bedeuten.

In manchen Fällen ist es schwierig, die Namensbedeutung ins Deutsche zu übertragen. Beispielsweise muss man bedenken, dass sich die Bedeutung von den Vornamen, die im afrikanischen Sprachraum die Geburt an einem bestimmten Wochentag bezeichnen, nicht immer exakt übertragen lässt, weil in manchen Teilen Afrikas über lange Zeit nur eine Sechstagewoche üblich war.

Bei der Entstehung dieses Buches haben zahlreiche Helfer mitgewirkt. Besonderer Dank gilt Herrn Issam Naber, der die arabischen Vornamen überprüft hat.

Trotz großer Sorgfalt beim Zusammentragen der Namen und ihrer Bedeutung sind Fehler nicht ganz auszuschließen. Schreiben Sie bitte an den Verlag, wenn Sie Korrekturwünsche haben.

Mädchennamen von
A bis Z

Aba *afrikanisch (ghanaisch):* die am Donnerstag Geborene

Abby englische Kurz- und Koseform von Abigail

Abebi *afrikanisch:* die Ersehnte

Abelina auch Abeline; *hebräisch:* der Hauch, die Vergänglichkeit

Abelone dänische und norwegische Form von Apollonia

Abigail *hebräisch:* Quell der Freude, Vaterfreude

Abina *afrikanisch (ghanaisch):* die am Donnerstag Geborene

Abiona *afrikanisch (nigerianisch):* die während einer Reise Geborene; auch als männlicher Vorname!

Abmaba *afrikanisch (ghanaisch):* die am Donnerstag Geborene

Abra weibliche Form von Abraham

Ada *hebräisch:* Zier, Schönheit

Adamma *afrikanisch (nigerianisch):* schönes Kind

Adara *griechisch:* schön

Adela Kurzform von Vornamen, die mit »Adel-« zusammengesetzt sind

Adelaide französische Form von Adelheid

Adelheid auch Adelheide; *aus dem Alhochdeutschen:* edel und Art

Adelpha *griechisch:* geliebte Schwester

Adeltraud *aus dem Althochdeutschen:* edel und Stärke

Adia *afrikanisch:* Gabe, Geschenk

Adina *hebräisch:* weich; oder erweiterte Form von Ada

Aditi *indisch-pakistanisch:* frei und ungebunden (Aditi ist in der indischen Mythologie Mutter der Götter)

Adorata *lateinisch:* die Verehrte

Adorée französische Form von Adorata

Adra *arabisch:* Jungfrau

Adriane auch Adriana, Adrian; *aus dem Lateinischen:* die aus der Stadt Adria; Adrian auch als männlicher Vorname!

Adrienne englische und französische Form von Adriane

Adya *indisch-pakistanisch:* Sonntag

Agafja russische Form von Agathe

Agascha russische Kurzform von Agathe

Agathe auch Agatha; *griechisch:* die Gute

Agda schwedische Form von Agathe

Aggy auch Aggie; englische Kurz- und Koseform von Agathe

Aglaia *griechisch:* Glanz, Schönheit, Pracht

Agna schwedische Kurzform von Agnes

Agnes *griechisch:* die Reine, Keusche

Agnieszka polnische Form von Agnes

Agnola italienische und spanische Form von Angela

Agueda spanische und portugiesische Form von Agathe

Ah Kum *chinesisch:* die Orchideengleiche; oder gut wie Gold

A

Ah Lam *chinesisch:* die Orchideengleiche
Aida *arabisch:* die Zurückkehrende
Aigneis irische Form von Agnes
Aikaterini Nebenform von Ekaterini
Aila finnische Form von Helene, Helga oder Alice
Aileen englische Nebenform von Helene
Ailis irische Form von Alice
Ailke niederländische und niederdeutsche Kurzform von Adelheid
Aimée französische Form von Amata
Aimil schottische Form von Emilia
Aindrea irische Form von Andrea
Aingeal irische Form von Angela
Aischa auch Aische; türkische Formen von Ayasha (Gemahlin des Propheten Mohammed)
Aislinn *aus dem Irisch-Gälischen:* Traum, Vision
Aitana *spanisch:* nach einer Landschaft bei Alicante
Aja *italienisch:* Erzieherin; auch *indisch-pakistanisch:* Ziege
Ajda türkischer Vorname persischer Herkunft: Größe, Stärke
Ajua *afrikanisch (ghanaisch):* die am Montag Geborene
Akako *japanisch:* rot (der Name soll Blutkrankheiten abwehren)
Akanke *afrikanisch (nigerianisch):* sie kennen heißt sie verwöhnen
Akela hawaiische Form von Adelheid
Akelei nach dem Blumennamen; ursprünglich vom lateinischen »aquilegia«
Akgül *türkisch:* weiße Rose
Aki *japanisch:* die im Herbst Geborene
Akilah *arabisch:* weise, klug
Akosua *afrikanisch (ghanaisch):* die am Sonntag Geborene
Akulina russische Form von Akelei
Alamea *hawaiisch:* reif; oder wertvoll
Alameda *indianisch:* Baumwollhain
Alani *hawaiisch:* Orange; oder Orangenbaum; auch als männlicher Vorname!
Alanna *aus dem Irisch-Gälischen:* die Schöne; auch *hawaiisch:* hell
Alaula *hawaiisch:* Abendrot; auch als männlicher Vorname!
Alda Kurzform von Vornamen, die mit »Adal-« oder »Adel-« zusammengesetzt sind
Aleksascha russische Koseform von Alexandra
Alena tschechische und ungarische Kurzform von Magdalena; auch russische und litauische Form von Helene
Alenica russische Koseform von Elena
Alenka südslawische und ungarische Koseform von Alena
Alessandra italienische Form von Alexandra
Alessia Kurzform von Alessandra
Alev *türkisch:* Flamme; auch als männlicher Vorname!

Alexandra *griechisch:* die Helferin, Schützerin

Alexis Kurzform von Alexandra; auch als männlicher Vorname!

Algoma *indianisch:* Tal der Blumen

Ali Kurzform von Alice; auch als männlicher Vorname!

Alia *arabisch:* die Erhabene

Alice auch Alyce, Alicia; englische Kurzformen von Elisabeth, Adelheid oder Alexandra

Alike *afrikanisch (nigerianisch):* Mädchen, das schöne Frauen vertreibt (für besonders hübsche Mädchen)

Alima *arabisch:* die in Tanz und Musik Gebildete; oder Seemädchen

Aline auch Alina; schwedische und ungarische Formen von Helene

Alisa Nebenform von Alice; auch *hebräisch:* Glück

Alison englische und französische Form von Alice; auch *irisch-gälisch:* die kleine Wahrhaftige, Treue

Alissa englische Nebenform von Alice

Alita niederländische Kurzform von Adelheid

Alja russische Kurzform von verschiedenen Vornamen, z.B. Alexandra; auch als männlicher Vorname!

Alkas *indianisch:* die Ängstliche

Alla schwedische Kurzform von Vornamen, die mit »Al-« zusammengesetzt sind, z.B. Alexandra

Allegra amerikanischer Vorname italienischer Herkunft: die Lebhafte

Allsun irisch-gälische Form von Alison

Ally Nebenform von Alla

Almaz *äthiopisch:* die Schöne

Aloha *hawaiisch:* Gruß, Abschied

Alohilani *hawaiisch:* heller Himmel

Altin *türkisch:* Gold

Alula *lateinisch:* die Geflügelte

Alvara weibliche Form von Alvaro

Alzena *arabisch:* die Hübsche

Am *vietnamesisch:* Mond; oder weibliches Prinzip (der Name bezieht sich auf das asiatische Schöpfungsprinzip, das zwei Schöpfungskräfte annimmt)

Ama *baskisch:* die Mutter, die Mütterliche; auch *afrikanisch (ghanaisch):* die am Samstag Geborene

Amabella *aus dem Lateinischen:* die Liebenswerte

Amal *arabisch:* die Hoffnungsvolle

Amalia Kurzform von Vornamen, die mit dem althochdeutschen »amal-« (das ostgotische Volk der Amaler betreffend) zusammengesetzt sind

Amanda *lateinisch:* die Liebenswerte

Amarante *griechisch:* die nie Verwelkende

Amaris *hebräisch:* Gott hat versprochen

Amata *lateinisch:* die Geliebte

Ambar *arabisch:* Bernstein

Amber englische Form von Ambar

A

Ambika *indisch-pakistanisch:* Mutter (einer von über 1000 Namen für die Hindu-Göttin Shakti)

Ambra italienische Form von Ambar

Amédée weibliche Form von Amédé

Amelia Nebenform und italienische und portugiesische Form von Amalia

Amélie französische Form von Amalia

Ameline französische Form von Amalia

Amina *arabisch:* Friede; oder Sicherheit

Amira *arabisch:* Prinzessin

Amoke *afrikanisch (nigerianisch):* sie kennen heißt sie verwöhnen

Amy englische Kurz- und Koseform von Amata

An auch Anh; *vietnamesisch:* Friede; oder Sicherheit; auch als männlicher Vorname!

Ana spanische und portugiesische Form von Anna

Anastasia *griechisch:* die Auferstandene

Andel alemannische Kurzform von Anna

Andrea *griechisch;* weibliche Form von Andreas; im Italienischen als männlicher Vorname!

Andreana auch Andrejana, Andrijana; slawische Formen von Andrea

Andrée französische Form von Andrea

Anevay *indianisch:* die Überlegene

Ange auch Angele; französische Formen von Angela

Angela *griechisch-lateinisch:* Engel

Angelika auch Angelica; *griechisch-lateinisch:* die Engelhafte

Angeliki neugriechische Form von Angelika

Angelina italienische erweiterte Form von Angela

Angélique französische Form von Angelika

Ania spanische Form von Anna

Anica slawische Form von Anna

Aniela polnische Form von Angela

Anika auch Anike; russische und bulgarische Koseformen von Anna

Aniska russische Koseform von Anna

Anita italienische und spanische Koseform von Anna

Aniweta *afrikanisch (nigerianisch):* die von Ani (Geist in der Ibo-Kultur) Gebrachte; auch als männlicher Vorname!

Anja russische Form von Anna

Anjuschka russische Koseform von Anna

Anjuta bulgarische Koseform von Anna

Anka slawische und ungarische Kurz- und Koseform von Anna

Ann englische Form von Anna

Anna *hebräisch:* die Begnadete; auch als weibliche Form des alten deutschen männlichen Vornamens Anno

Anneli auch Annelie; alemannische Koseformen von Anna
Annette französische Koseform von Anne, Anna
Annika schwedische Koseform von Anna
Anninka polnische Form von Anna
Annunciata *lateinisch-italienisch:* die Verheißene
Annuska ungarische Koseform von Anna
Anny englische Koseform von Anna
Anouk auch Annouck, Anoucka; Kurzformen von Anuscha
Anselma weibliche Form von Anselm
Anstice englische Form von Anastasia
Anta weibliche slawische Kurzform von Anton
Antia romanische Kurzform von Antonia
Antina niederländische und niederdeutsche erweiterte Form von Anna
Antje niederländische Koseform von Anna
Antka polnische Kurzform von Antonia
Antoinetta italienische Koseform von Antonia
Antoinette französische Koseform von Antonia
Antonella italienische Koseform von Antonia
Antonia auch Antonie; *lateinisch:* Name der altrömischen Familie Antonia
Antonietta italienische Verkleinerungsform von Antonia
Antonina slawische Form von Antonia
Antonita spanische Koseform von Antonia
Anuscha slawische Koseform von Anna
Anuschka slawische Koseform von Anna
Anzu *japanisch:* Aprikose
Aoiffe irische Form von Eva
Aolani *hawaiisch:* Wolke
Apolka ungarische Form von Apollonia
Apollonia *griechisch:* die dem Gott Apoll Geweihte
Aponi *indianisch:* Schmetterling
Aquene *indianisch:* Friede
Arabel englische Form von Arabella
Arabella *wahrscheinlich spanisch:* kleine Araberin
Aranka ungarische Form von Aurelia
Areta auch Aretha; angloamerikanischer Vorname griechischer Herkunft: die Vortreffliche
Aria niederländische Form von Adriane
Ariadne *griechisch:* die Ehrwürdige
Ariane französische Form von Ariadne
Arianna auch Arianne; italienische Formen von Ariadne
Arietta *italienisch:* Liedchen
Arista *griechisch:* die Beste, Vornehmste

Arka russische Form von Ariadne
Arlene englisch-irischer Vorname keltischer Herkunft; weibliche Form von »Arlen« = Kind, Liebespfand
Arlette französischer Vorname normannischer Herkunft; vielleicht vom germanischen »hari« = Heer
Arlyne englische Nebenform von Arlene
Armanda italienische weibliche Form von Armand
Armande französische weibliche Form von Armand
Armida auch Armide; italienische Formen von Armanda
Arna *hebräisch:* Zeder
Arndis nordischer Vorname althochdeutscher Herkunft: Adler und Schutzgöttin
Arnika ungarische Koseform von Arnolde
Arnolde weibliche Form von Arnold
Artha *indisch-pakistanisch:* Gesundheit; oder Reichtum
Ashley *aus dem Altenglischen:* Bewohnerin der Eschenweide; auch als männlicher Vorname!
Asifa *arabisch:* Sturm
Asimo *neugriechisch:* die Silberne
Asiza *afrikanisch:* Waldgeist
Asja auch Assja, russische Koseformen von Anna oder Anastasia
Asley angloamerikanische Form von Ashley
Aspasia *griechisch:* die Willkommene, die Liebliche
Assunta *italienisch:* die in den Himmel Aufgenommene
Astrid *skandinavisch:* die Reiterin der Götter
Atalaya *spanisch:* die Wächterin
Atara *hebräisch:* Krone
Athalia *hebräisch:* stark, erhaben ist Gott
Athanasia *griechisch:* die Unsterbliche
Athina *neugriechisch;* nach der griechischen Göttin Athene
Aud auch Auda; *aus dem Isländischen:* reich; auch französischer Vorname!
Aude französische Form von Alda
Audrey englischer Vorname; entspricht dem deutschen Adeltraud
Augusta auch Auguste; *lateinisch:* die Erhabene, Erlauchte
Aulii *hawaiisch:* zierlich, anmutig
Aura auch Aurica; rumänische Koseformen von Aurelia
Auralia niederländische Form von Aurelia
Aurelia *lateinisch:* die Goldene, die Schöne
Aurélie französische Form von Aurelia
Aurica rumänische Form von Aura
Austin englische Form von Augusta; auch als männlicher Vorname!
Ava Bedeutung ungeklärt; vielleicht *aus dem altsächsischen* »oval« = Kraft; oder *lateinisch:* die Vogelgleiche
Avera *hebräisch:* die Sünderin
Avery *aus dem Altenglischen:* Elfen-

führerin; auch als männlicher Vorname!

Awanata *indianisch:* Schildkröte

Awendela *indianisch:* Tagesanbruch (für am Morgen geborene Mädchen)

Awenita *indianisch:* Kitz

Awreja russische Form von Aurelia

Axinja vermutlich russische Nebenform von Xenia

Ayame *japanisch:* Iris

Ayasha *arabisch:* Leben

Ayita *indianisch:* Arbeiterin

Ayoka *afrikanisch (nigerianisch):* sie bringt allen Freude

Aziza *afrikanisch (swaheli):* wertvoll, kostbar

Babette auch Babett; französische Kurzformen von Barbara oder Elisabeth

Babichon französische Koseform von Barbara

Bahar *türkisch:* Frühling

Baka *indisch-pakistanisch:* Kranich (Symbol für langes Leben)

Balala *afrikanisch:* du musst viel essen, um zu wachsen

Balaniki hawaiische Form von Blanche

Balene baskische Form von Valeriane

Banu türkischer Vorname arabischer Herkunft: angesehene Frau

Bao *chinesisch:* Schatz; auch als männlicher Vorname!

Barbara *griechisch:* die Fremde, die Barbarin

Barbe französische Kurzform von Barbara

Barbey französische Form von Barbara

Barbro schwedische Form von Barbara

Basia polnische Form von Barbara

Basima *arabisch:* Lächeln

Bastienne französische weibliche Kurzform von Sebastian

Baubie schottische Form von Barbara

Beathag schottische Form von Sophie

Beatrice englische Form von Beatrix

Béatrice französische Form von Beatrix

Beatrix *lateinisch:* die Glückbringende

Becky englische Kurzform von Rebekka

Behiye türkischer Vorname arabischer Herkunft: schöne Frau

Beitris schottische Form von Beatrix

Bel *indisch-pakistanisch:* Apfelbaum (heiliger Baum)

Belina Nebenform von Belinda

Belinda englischer Vorname, Herkunft und Bedeutung ungeklärt; vielleicht *aus dem Spanischen:* schön

Bella *italienisch und spanisch:* die Schöne; auch Kurzform von Isabella, Arabella, Sibylla

Benedetta italienische Form von Benedikta

Bénédicte französische Form von Benedikta

Benedikta *lateinisch:* die Gesegnete

Bengta schwedische und dänische Form von Benedikta

Benita spanische Form von Benedikta

Benoîte weibliche Form von Benoît

Bérénice französische Form von Berenike

Berenike *griechisch:* die Siegbringende

Berill ungarische Form von Beryl

Berit dänische und schwedische Nebenform von Birgit

Bernadette französische Koseform von Bernarda

Bernarda romanische, niederländische und slawische Form von Bernharda

Bernarde französische Form von Bernharda

Bernharda auch Bernharde; weibliche Formen von Bernhard

Beryl englischer Vorname; eine Edelsteinart

Beryll deutsche Form von Beryl

Bess auch Bessy, Betsy; englische Koseformen von Elisabeth

Bethany *aramäisch:* Haus der Armut

Bethia englischer Vorname hebräischer Herkunft: Haus Gottes

Bette englische Kurzform von Elizabeth; auch Kurzform von Elisabeth

Beulah *hebräisch:* die Verheiratete

Bian *vietnamesisch:* verborgen; oder geheimnisvoll, verschlossen

Bianka auch Bianca; *italienisch:* die Weiße

Bibiana spanische Form von Viviane

Bice französische Kurzform von Beatrix

Biddy englische Koseform von Bridget

Bill Koseform von Sibylle; auch als männlicher Vorname!

Bina *hebräisch:* Verständnis, Weisheit

Binti *afrikanisch:* Tochter

Bionda *italienisch:* die Blonde

Biondetta italienische Koseform von Bionda

Birdie *englisch:* die kleine Vogelartige

Birgit auch Birgitta; nordische Formen von Brigitte

Birte dänische Kurzform von Birgit

Biserka *kroatisch:* Perlhuhn

Bithia *hebräisch:* Tochter Gottes

Bitki *türkisch:* Pflanze

Blanca rätoromanische Form von Blanka

Blanche *französisch:* die Weiße

Blanchette Verkleinerungsform von Blanche

Blanka *spanisch:* die Weiße

Blomma *schwedisch:* Blume

Blonda Nebenform zu Bionda

Bluette *französisch:* Kornblume und Funken; übertragen: Geistesblitz

Blum *jiddisch:* Blume
Bo *chinesisch:* wertvoll; auch Kurzform von Bonita; auch als männlicher Vorname!
Bobby englische Koseform von Roberta; auch als männlicher Vorname!
Bogdana weibliche Form von Bogdan
Bogumila weibliche Form von Bogumil
Bohumila tschechische Form von Bogumila
Bonita *spanisch:* die Schöne
Bozena *tschechisch:* Gottesgeschenk
Bracha weibliche Form von Baruch
Branca portugiesische Form von Blanka
Branda weibliche Form von Brand
Brandy niederländischer Vorname nach der Bezeichnung für Weinbrand; in Amerika verbreitet
Branka *slawisch:* Ruhm, Ehre
Brenda englische Form von Branda
Brett *aus dem Keltischen:* Britin; auch als männlicher Vorname!
Brianna weibliche Form von Brian
Bridget englische Form von Brigitte
Brigitte auch Brigitta; *altirisch:* die Tugendhafte, die Erhabene
Britta auch Brit; Kurzformen von Birgit, Brigitta
Bronislawa weibliche Form von Bronislaw
Bronja slawische Kurzform von Bronislawa
Brooke *aus dem Altenglischen:* die vom Bach; auch als männlicher Vorname!
Brunella italienische Nebenform von Brunelda = Brunhilde
Brunhilde *aus dem Althochdeutschen:* Panzer und Kampf
Bua *vietnamesisch:* Hammer

Cäcilie auch Cäcilia; *lateinisch:* aus dem römischen Geschlecht der Caecilier
Cady amerikanischer Vorname; ursprünglich Familienname
Cai *vietnamesisch:* Frau
Caimile *afrikanisch;* nach einem Sprichwort, etwa: der Baum verliert seine Früchte, die Menschen sind sterblich
Cairistiona schottische Form von Christine
Caitlín irische Form von Katharina
Caitria irische Form von Katharina
Caja dänische und schwedische Form von Kai
Calantha *griechisch:* schöne Blüte
Calida *spanisch:* glühend, begeistert
Calla schwedische Kurzform von Karoline
Calogera weibliche Form von Calogero
Cam englische Koseform von Cameron oder Camilla; auch als männlicher Vorname!
Cameron *aus dem Schottisch-Gälischen:* schiefe Nase; schottischer

Clanname nach einem Spitznamen; auch als männlicher Vorname!

Camilla weibliche Form von Camillus

Can *türkisch:* Leben; auch als männlicher Vorname!

Canace *griechisch:* Tochter des Winds

Candace englischer Vorname; ursprünglich Name äthiopischer Königinnen

Candice Nebenform von Candace

Candida *lateinisch:* die Glänzende, Reine, Lautere

Candie auch Candy; englische Koseformen von Candida

Candra *indisch-pakistanisch:* Mond, die Mondgleiche

Canice *walisisch:* die Kinderfreundliche

Caprice *französisch:* die Laune, der Einfall

Cara *lateinisch:* wert, geschätzt; auch zum irischen »caraid« = Freund; auch *vietnamesisch:* wertvolles Juwel

Caren auch Karen; dänische und schwedische Formen von Karin

Carey englische Koseform von Katharina; auch als männlicher Vorname!

Cari *türkisch:* wie Wasser fließend; auch Koseform von Caroline

Carina auch Karina; *italienisch:* die Hübsche; auch Kurzform von Caterina

Carla lateinische Form von Karla

Carlota spanische und portugiesische Form von Charlotte

Carlotta italienische Form von Charlotte

Carmela spanische Nebenform von Carmen

Carmelia erweiterte Form von Carmen

Carmen *spanisch:* »Jungfrau Maria vom Berge Carmel«

Carmina auch Carmine; erweitere Formen von Carmen

Carna *hebräisch:* Horn

Carol englische Kurzform von Caroline; auch als männlicher Vorname!

Carola auch Karola; erweiterte Formen von Carla, Karla

Caroline auch Carolin, Karoline, Karolin; erweiterte Formen von Carola, Karola

Carolyn englische Form von Caroline

Caron *walisisch:* liebenswert

Carry auch Carrie; englische Kurz- und Koseformen von Carola oder Caroline

Caryl *walisisch:* Geliebte

Casey *aus dem Irisch-Gälischen:* tapfer, wachsam; oder englische weibliche Koseform von Kasimir; auch als männlicher Vorname!

Cass englische weibliche Koseform von Kaspar; auch als männlicher Vorname!

Catalina spanische Form von Katharina

Catarina portugiesische Form von

Katharina; auch Schreibvariante von Katharina

Caterina italienische Form von Katharina

Catherine englische Form von Katharina

Cathérine französische Form von Katharina

Cathleen auch Kathleen; englisch-irische Formen von Katharina

Catia auch Cathia; romanische Formen von Käthe

Catriona schottische Form von Katharina

Ceara *aus dem Irisch-Gälischen:* Speer

Cecca italienische Kurzform von Francesca

Cécile französische Form von Cäcilie

Cecilia spanische Form von Cäcilie

Cecily englische Form von Cäcilie

Ceinwen *walisisch:* Edelstein und schön

Celestina italienische und spanische Form von Cölestina

Célestine französische Form von Cölestina

Celia Kurzform von Cäcilie

Celina erweiterte Form von Celia oder Kurzform von Marceline

Céline französische Form von Cäcilie oder von Marceline

Cendrine *französisch:* Asche (eigentlich Aschenbrödel)

Chanda auch Chandra; *indisch-pakistanisch:* Mond

Channa *indisch-pakistanisch:* Kichererbse

Chantal *französisch:* die Singende

Chaoxing *chinesisch:* Morgenstern

Charda *arabisch:* Ausreißerin

Charis *griechisch:* Anmut, Huld, Liebreiz

Charlaine französischer Vorname; von Charles abgeleitet

Charleen englische Form von Charlaine

Charlene Nebenform von Charleen

Charlène Nebenform von Charlaine

Charlie englische Koseform von Charleen; auch als männlicher Vorname!

Charlot niederländische Form von Charlotte

Charlotta schwedische Form von Charlotte

Charlotte *französisch:* weibliche Form von Charles

Charmaine *französisch:* die Charmante

Chaya weibliche Form von Chaim

Chelsea *aus dem Altenglischen:* Hafen

Chenoa *indianisch:* weiße Taube

Chérie *französisch:* Liebling

Chermina bulgarische Form von Hermine

Cheryl amerikanische Form von Karola oder Charlotte

Cheyenne *indianisch;* Name eines Indianerstammes

Chhaya *indisch-pakistanisch:* Schatten

C

Chiara italienische Form von Klara
Chiarella italienische Koseform von Klara
Chidori *japanisch:* Sanderling (ein Strandläufer, Vogel)
Chilali *indianisch:* Schneevogel
Chilenka auch Chiletschka; russische Koseformen und erweiterte Formen von Chilja
Chilja russische Koseform von Rachil
Chimalis *indianisch:* Elfenblauvogel
Chiriga *afrikanisch:* Kind armer Eltern
Chitsa *indianisch:* die Blonde
Chizu *japanisch:* tausend Störche (Symbol für langes Leben)
Chloe *griechisch:* junges Grün, junger Baum
Cho *koreanisch:* schön
Cholena *indianisch:* Vogel
Chris auch Chrissy; (englische) Kurz- und Koseformen von Christiane; Chris auch als männlicher Vorname!
Chriso *neugriechisch:* die Goldene
Christa Kurzform von Christiane
Christiane auch Christiana; *griechisch-lateinisch:* Christi Anhängerin
Christine auch Christina; Nebenformen von Christiane
Chrysantha weibliche Form zu Chrysanthus
Chu Hua *chinesisch:* Chrysantheme
Chun *chinesisch:* Frühling
Cicely englische Form von Cäcilie
Ciel englische Koseform von Cäcilie
Çigdem *türkisch:* Krokus
Cinderella *französisch und englisch:* Aschenputtel
Cindy englische Kurzform von Cinderella oder Cynthia
Cintia ungarische Form von Cynthia
Cinzia italienische Form von Cynthia
Cirila weibliche spanische Form von Cyrill
Cirilla weibliche ungarische Form von Cyrill
Ciss auch Cissi, Cissy; englische Kurzformen von Cecily
Cita auch Zita; *italienisch:* die Hurtige
Claire französische und englische Form von Klara
Clairette französische Koseform von Claire
Clará spanische Form von Klara
Clare englische und französische Form von Klara
Clarice englische Form von Clarissa
Clarissa erweiterte Form von Klara
Clarisse französische Form von Clarissa
Clarita spanische Koseform von Klara
Clary englische Koseform von Klara
Claude französische Form von Claudia; auch als männlicher Vorname!
Claudette französische Verkleinerungsform von Claude
Claudia auch Klaudia; römischer

Sippenname; eigentlich die Hinkende

Claudine französische Form von Claudia

Claudinette französische erweiterte Form von Claudine

Clio auch Klio; *griechisch:* die Rühmerin

Cocheta *indianisch:* die Unbekannte

Cölestina auch Cölestine; *lateinisch:* die Himmlische

Coletta italienische Kurz- und Koseform von Nicoletta

Colette französische Kurz- und Koseform von Nicolette

Colleen englischer Vorname gälischer Herkunft: Mädchen

Collie auch Colly; englische Koseformen von Kolomba

Concepción *spanisch:* Empfängnis (nach dem Fest Mariä Empfängnis)

Concetta *italienisch:* die Empfangene

Conchita Nebenform von Concepción

Concordia *lateinisch:* Eintracht

Constanca italienische Form von Konstanze

Constance englische und französische Form von Konstanze

Consuelo auch Consuela; *spanisch:* Trost

Cora Nebenform von Kora

Coralie *niederländisch:* die Perle

Coretta auch Corette; erweiterte Formen von Cora

Corina spanische, italienische und portugiesische Form von Corinna

Corinna auch Korinna; *griechisch:* Mädchen, Tochter

Corinne französische Form von Corinna

Cornela englische Form von Cornelia

Cornelia auch Kornelia; römischer Sippenname

Cornélie französische Form von Cornelia

Cornell englische Form von Cornelia

Corny englische Kurz- und Koseform von Cornelia

Corrie auch Corry; englische Kurz- und Koseformen von Cornelia

Cosetta auch Cosette; französische Verkleinerungsformen von Nicole

Cosima auch Kosima; italienischer Vorname griechischer Herkunft: die Sittsame, Ordnungsliebende

Costanza italienische Form von Konstanze

Coulombe französische Form von Kolomba

Cristiana italienische Form von Christiane

Cristina italienische Form von Christine

Cristiona irische Form von Christine

Cyn englische Koseform von Cynthia

Cynara *griechisch:* Artischocke

Cynth englische Koseform von Cynthia

C

D

Cynthia *griechisch-lateinisch:* die vom Berg Cynthos Stammende

Cyprienne weibliche Form von Cyprien

Cyra Nebenform von Kyra

Dabrówka polnische Form von Dubrovka

Dacey *aus dem Irisch-Gälischen:* die aus dem Süden Stammende; auch als männlicher Vorname!

Dacia *griechisch:* die aus Dakien Stammende

Dafne italienische Form von Daphne

Dagmar Umgestaltung von Dragomira; oder Neubildung aus »dag« = Tag, Licht und »mari« = berühmt

Dagny *nordisch:* neuer Tag

Dai *japanisch:* groß

Daisy *englisch:* Maßliebchen, Gänseblümchen; auch Kurzform von Margarethe

Dana Kurzform von Daniela oder von Bogdana; oder *aus dem Keltischen:* die Dänin; auch als männlicher Vorname!

Danai *neugriechisch:* die mit dem Meer zu tun hat

Danaila slawische Nebenform von Daniela

Daniela *hebräisch:* Gott ist mein Richter

Daniella italienische Form von Daniela

Danielle französische Form von Daniela

Danila russische Form von Daniela; auch als männlicher Vorname!

Danilka slawische Koseform von Daniela

Danja slawische Koseform von Daniela oder von Bogdana

Danjana erweiterte Form von Danja

Danka weibliche Form von Danko

Danuta polnische Form von Daniela

Dany auch Danny; französische Kurzformen von Daniela; Danny auch als männlicher Vorname!

Danya amerikanische Koseform von Daniela

Daphne auch Dafne; *griechisch:* Lorbeer

Darda ungarischer Vorname hebräischer Herkunft: Perle der Weisheit

Daria *lateinisch:* die Mächtige, Besitzerin, Schützerin

Darja russische Form von Daria

Davida weibliche Form von David

Davide niederländische Form von Davida; auch als männlicher Vorname!

Davina englische Nebenform von Davida

Dawn *englisch:* Tagesanbruch, Morgendämmerung

Debbie auch Debby; englische Koseformen von Debora

Debora auch Deborah; *hebräisch:* die Biene, die Fleißige

Debra englische Kurzform von Debora

Dede *afrikanisch:* die Erstgeborene

Dee *walisisch:* die Schwarze, die Finstere; auch englische Kurzform von Diana oder von anderen Vornamen mit dem Anfangsbuchstaben »D«; auch als männlicher Vorname!

Deidre englischer Vorname wohl irischer Herkunft: die Tobende

Delan schwedische Kurzform von Adela

Delia *griechisch:* die von der Insel Delos

Delila auch Dalilah; *hebräisch:* die Schmachtende

Delora englische Form von Dolores

Delta griechischer Vorname; nach dem vierten Buchstaben des griechischen Alphabets als Name für die vierte Tochter

Delu *afrikanisch:* erste Tochter nach drei Söhnen

Demetria weibliche Form von Demetrius

Dena *indianisch:* Tal

Denice englische Form von Dionysia

Denise französische Form von Dionysia

Deniz *türkisch:* zum Meer gehörig; auch als männlicher Vorname!

Desideria *lateinisch:* die Ersehnte

Désirée französische Form von Desideria

Despina *neugriechisch:* herrschen (Beiname der Muttergottes)

Deuten niederländische Kurzform von Dorothea

Deva *indisch-pakistanisch:* göttlich (Name der Mondgöttin)

Devaki *indisch-pakistanisch:* schwarz (Name der Mutter des Gottes Krishna)

Diahann englische Form von Diana

Dialekti *neugriechisch:* die Auserwählte

Diamanto *neugriechisch:* die Diamantene

Diana *lateinisch;* nach der lateinischen Jagd- und Mondgöttin Diana

Diantha *griechisch:* Blume des Zeus

Dianthia englische Form von Diantha

Dickla *hebräisch:* Palme; oder Dattelpalme

Dido *griechisch, ursprünglich phönizisch:* Mondgöttin

Dija Kurzform von Konkordija

Dimitra neugriechischer Vorname; geht auf Demeter (die griechische Göttin der Fruchtbarkeit) zurück

Dina auch Dinah; Kurz- und Koseformen von Namen, die mit »-dina«, »-dine«, »-tina« oder »-tine« zusammengesetzt sind; auch *hebräisch:* die Richterin

Dionysia weibliche Form von Dionysius

Diotima *griechisch:* die Gott (Zeus) Geweihte

Djamila auch Jamila; *arabisch:* die Schöne

D

Doanna amerikanischer Doppelname; zusammengesetzt aus Dorothy und Anna
Dobra Kurzform von Dobravka
Dobravka auch Dobrawka; serbokroatische Formen von Dubravka
Dolly englische Kurzform von Dorothy
Dolores spanischer Vorname lateinischer Herkunft: die Schmerzensreiche
Doma serbokroatische Kurzform von Dominika
Domenica italienische Form von Dominika
Dominga spanische Form von Dominika
Dominik Kurzform von Dominika; auch als männlicher Vorname!
Dominika *lateinisch:* Gott geweiht
Dominique französische Form von Dominikia; auch als männlicher Vorname!
Domka auch Domna; slawische Formen von Dominika
Donalda weibliche Form von Donald
Donata weibliche Form von Donatus
Donatella italienische Verkleinerungsform von Donata
Donatienne weibliche Form von Donatien
Donia englische Kurzform von Donalda
Donka russische Form von Dominika
Doortje niederdeutsche und niederländische Koseform von Dorothea
Dora Kurzform von Dorothea
Dorée *französisch:* die Goldene
Doreen *aus dem Irisch-Gälischen:* die Mürrische; auch englische Koseform von Dorothy
Dorett auch Dorette; französische Kurz- und Koseformen von Dorothée
Dorian auch Dorien; englischer Vorname griechischer Herkunft: die Dorerin; auch als männlicher Vorname!
Dorice englische Form von Doris
Dorina ungarische Form von Dora; auch englische Nebenform von Doreen
Dorinda auch Dorinde; italienische Koseformen von Dorothea
Doris Kurzform von Dorothea; auch *griechisch:* die Dorerin
Dorisa *hawaiisch:* die vom Meer
Dorkas *griechisch:* Gazelle
Dorofeja russische Form von Dorothea
Dorota polnische und tschechische Form von Dorothea
Dorotea italienische und spanische Form von Dorothea
Dorothea *griechisch:* Geschenk Gottes
Dorothée französische Form von Dorothea
Dorothy englische Form von Dorothea
Dorthy englische Koseform von Dorothy

Dory englische Koseform von Dorothy

Dot auch Dottie, Dotty; englische Koseformen von Dorothy

Draga südslawische Kurzform, unter anderem von Dragomira

Draginja *slawisch:* lieb, teuer

Dragomira weibliche Form von Dragomir

Duana *aus dem Irisch-Gälischen:* die kleine Finstere; oder Lied

Dubravka *slawisch:* die Gute

Dunja slawische Kurzform von Eudokia

Durva *indisch-pakistanisch;* Name für heiliges Gras, das bei der Götterverehrung verwendet wird

Dwana englische Form von Duana

Dyana englische Form von Diana

Dyani *indianisch:* Reh

Eadaoine irische Form von Euphemia

Ealasaid Elspeth schottische Form von Elisabeth

Ebony *amerikanisch:* Ebenholz

Ebru *türkisch:* Augenbraue

Ecaterina rumänische Form von Katharina

Eda schwedische Kurzform von Edwardina; auch *altenglisch:* Reichtum, Segen

Edana *aus dem Irisch-Gälischen:* die kleine Feurige

Eden *hebräisch:* Schönheit; auch als männlicher Vorname!

Edina ungarischer Vorname, Bedeutung ungeklärt; wahrscheinlich nach Edwardina; oder *schottisch:* die aus Edinburgh Stammende

Edith auch Editha; *aus dem Altenglischen:* Kämpferin für den angestammten Besitz; oder reiche Gabe

Édith französische Form von Edith

Edla schwedische Kurzform von Vornamen, die mit dem althochdeutschen »edel-« (edel, vornehm) zusammengesetzt sind

Edmea italienische Form von Edmunda

Edmée französische Form von Edmunda

Edmunda weibliche Form von Edmund

Edna *hebräisch:* die Angenehme

Edvige italienische Form von Hedwig

Edwardina auch Edwardine; weibliche Formen von Edward

Edyth englische Form von Edith

Efthimia weibliche Form von Efthimios

Eftichia weibliche Form von Eftichios

Efua *afrikanisch (ghanaisch):* die am Freitag Geborene

Eila norwegische Kurzform von Eilen

Eileen englische Nebenform von Helene oder Evelyn

Eilen norwegische Form von Helene

E

Eilis auch Eilise; irische Formen von Elisabeth

Eimile irische Form von Emilia

Eina schwedische weibliche Form von Einar

Eister irische Form von Esther

Ekaterina Nebenform von Jekaterina

Ekaterini neugriechische Form von Katharina

Ekua *afrikanisch (ghanaisch):* die am Mittwoch Geborene

Elaine altfranzösische und englische Form von Helene

Eleanor englische Form von Eleonore

Eleftheria weibliche Form von Eleftherios

Elektra *griechisch:* die Strahlende

Elena italienische und spanische Form von Helene

Eleni neugriechische Form von Helene

Eleonore auch Elenor, Eleonora; *arabisch:* Gott ist mein Licht

Eléonore französische Form von Eleonore

Elga nordische Form von Helga

Eliane auch Eliana; *hebräisch:* Gott hat mir geantwortet; Eliana auch ungarische Form von Helene

Elida *nordisch:* das schnell segelnde Schiff

Eliette französische weibliche Koseform von Elias; *hebräisch:* Jahwe ist Gott

Elin auch Elina; dänische und schwedische Formen von Helene; oder *walisisch:* Engel; oder Nymphe

Elinor englische Form von Eleonore

Elisabeta rumänische Form von Elisabeth

Elisabeth *hebräisch:* Gott ist mein Eid

Elisabetta italienische Form von Elisabeth

Elise französische Kurzform von Elisabeth

Elizabeth englische Form von Elisabeth

Elizaveta russische Form von Elisabeth

Ellama *indisch-pakistanisch:* Muttergottheit

Ellen englische Kurzform von Helene oder Eleonore

Ellice englische weibliche Form von Elias

Ellidhi isländische Form von Elida

Ellinor englische Form von Eleonore

Elma *türkisch:* Apfel; auch *griechisch:* umgänglich, freundlich

Elmira spanische Form von Amira

Elna schwedische Kurzform von Elina

Elpinike *neugriechisch:* Hoffnung auf Sieg

Elsy auch Elsie; englische Koseformen von Elizabeth

Elvira spanischer Vorname gotischer Herkunft: die den Besitz Bewahrende

Elyssa englische Kurzform von Elizabeth

Elzbieta polnische Form von Elisabeth

Emerald englische Form von Esmeralda

Emerentia auch Emerenz; *lateinisch:* die Verdiente

Emerita *lateinisch:* die Würdige

Emilia auch Emilie; *lateinisch:* aus dem Geschlecht der Ämilier; vom lateinischen »aemulus« = eifrig

Emilka slawische Form von Emilia

Emily englische Form von Emilia

Emine weibliche Form von Emin

Emlyn *walisisch:* Wasserfall; auch als männlicher Vorname!

Emmanuelle französische weibliche Form von Emmanuel

Ena schwedische Nebenform von Eina

Engracia spanische Form von Gratia

Enid englischer Vorname irischer Herkunft: kleines Feuer; oder blond; oder *aus dem Altwalisischem:* Reinheit

Ennea *griechisch:* neun

Enrica italienische und spanische weibliche Form von Enrico

Eos *griechisch:* Morgenröte

Erin *aus dem Irisch-Gälischen:* die aus Irland Stammende; auch als männlicher Vorname!

Erlanda weibliche Form von Erland

Erminia italienische und englische Form von Hermine

Ernesta italienische und spanische weibliche Form von Ernesto

Erofili *neugriechisch:* Freundin der Liebe

Ersi *neugriechisch:* frisch wie der Morgentau

Erzsébet ungarische Form von Elisabeth

Esma *georgisch:* Er (Gott) hat erhört

Esme englische Koseform von Esmeralda; auch als männlicher Vorname!

Esmeralda *spanisch:* Smaragd, Edelstein

Essa englische Koseform von Esther

Essie englische Koseform von Estella oder Esther

Esta englische Kurzform von Estella

Estella auch Estelle; spanische und französische Formen von Stella

Ester spanische Form von Esther

Esther *hebräisch:* junge Frau; oder Myrte; oder *persisch:* Stern

Estrella spanische Form von Stella

Estrid nordische Nebenform von Astrid

Etenia *indianisch:* gesund

Ethel englische Kurzform von Vornamen, die mit dem althochdeutschen »edel-« (edel, vornehm) zusammengesetzt sind

Étiennette französische Form von Stephanie

Etumu *indianisch:* sich in der Sonne wärmender Bär

Etumuye *indianisch:* einen Hügel besteigender Bär

Eudice moderne hebräische Form von Judith

Eudokia *griechisch:* die Geachtete, Hochgeschätzte

Eufemia italienische Form von Euphemia

Eugenie auch Eugenia; weibliche Formen von Eugen

Eun *koreanisch:* Silber

Eunice englischer Vorname griechischer Herkunft: guter Sieg

Euphemia *griechisch:* die von gutem Ruf

Euphémie französische Form von Euphemia

Eustacia weibliche Form von Eustace

Eva auch Eve, Evi; *hebräisch:* Leben, die Lebenspendende

Evan walisische Form von Johanna; auch als männlicher Vorname!

Evangeline englischer Vorname griechischer Herkunft: (Lohn für) gute Botschaft

Evanthia *neugriechisch:* schöne Blume

Evdoxia *neugriechisch:* guter Ruhm

Ève französische Form von Eva

Evelyn auch Eveline; englische Vornamen; erweiterte Formen von Ava oder Eva

Evgenia neugriechische Form von Eugenie

Evita spanische Koseform von Eva

Evlambia weibliche Form von Evlambios

Evstathia weibliche Form von Evstathios

Ewa polnische Form von Eva

Eyota *indianisch:* die Größte; auch als männlicher Vorname!

Eyvette amerikanische Form von Yvette

Fabia *lateinisch:* römischer Familienname; eigentlich die Bohnenzüchterin

Fabiane erweiterte Form von Fabia

Fabienne französische Form von Fabiane

Fabiola spanische erweiterte Form von Fabia

Fabrice französische Form von Fabrizia

Fabrizia weibliche Form von Fabricius

Faizah *arabisch:* die Siegreiche

Fanchon französische erweiterte Form von Fanny

Fanny auch Fanni; Kurzformen von Stefanie oder Franziska

Farah *arabisch:* die Freude, die Lustbarkeit

Fatima auch Fatime; *arabisch;* Name der jüngsten Tochter Mohammeds

Fatma türkische Form von Fatima

Faye *englisch:* Fee

Fayola *afrikanisch (nigerianisch):* gutes Schicksal

Federica weibliche Form von Federico

Federiga weibliche Form von Federigo

Fedra *neugriechisch:* heller Schein
Felicia englische und spanische Form von Felizia
Felicidad spanische Form von Felizitas
Félicie französische Form von Felizia
Felicity englische Form von Felizitas
Felipa spanische Form von Philippa
Felizia weibliche Form von Felix
Felizitas auch Felicitas; *lateinisch:* das Glück
Femi *afrikanisch (nigerianisch):* liebe mich
Fenella *aus dem Irisch-Gälischen:* die Weißschultrige
Feodora russische Form von Theodora
Feodosia weibliche Form von Feodosi
Ferike ungarische Form von Friederike
Fernanda italienische und spanische weibliche Form von Fernando
Fernande weibliche Form von Fernand
Fida *arabisch:* Hingabe, Aufopferung
Fidelia spanische weibliche Form von Fidelio
Filippa italienische Form von Philippa
Filo italienische Kurzform von Filomena
Filomena italienische Form von Philomena
Fiona vermutlich *aus dem Gälischen:* schön, weiß
Fiora italienische Form von Flora
Fiorenza italienische Form von Florentia
Fioretta italienische Nebenform von Floretta
Flanna *aus dem Irisch-Gälischen:* die Rothaarige
Fleur französische Form von Flora
Fleuretta französische Form von Floretta
Flora *lateinisch:* die Blume, die Blüte
Florence englische und französische Form von Florentia
Florentia weibliche Form von Florentius
Floreta spanische Koseform von Flora
Floretta auch Florette; Verkleinerungsformen von Flora
Floria englische Form von Flora
Florica rumänische Koseform von Flora
Florinda *spanisch:* blühend, blumenreich
Floris englische Koseform von Flora; auch als männlicher Vorname!
Florry englische Koseform von Flora; auch als männlicher Vorname!
Flower *englisch:* Blume
Fotini weibliche Form von Fotios
Fran englische Koseform von Frances oder Francis; auch als männlicher Vorname!
Franca weibliche Form von Franco
France Kurzform von Françoise

F
G

Frances englische Form von Franziska

Francesca italienische Form von Franziska

Francie englische Koseform von Frances

Francis englische Form von Franziska; auch als männlicher Vorname!

Franciska slawische Form von Franziska

Françoise französische Form von Franziska

Franeka slawische Koseform von Franziska

Franika slawische Koseform von Franziska

Franja slawische Koseform von Franziska

Franny auch Frannie; englische Koseformen von Franziska

Franziska *lateinisch:* die Freie; oder die aus Franken Stammende

Frederica englische Form von Friederike

Frédérique französische Form von Friederike

Freia *nordisch;* Name der altnordischen Göttin Freyja

Friederike auch Friederika; weibliche Formen von Friedrich

Frigga *altnordisch:* die Gattin, die Geliebte; auch niederdeutsche Kurzform von Friederike

Frini *neugriechisch:* die Charmante

Fryderyka polnische Form von Friederike

Gabriela portugiesische und spanische Form von Gabriele

Gabriele weibliche Form von Gabriel; auch als männlicher Vorname!

Gabriella italienische und ungarische Form von Gabriele

Gabrielle französische Form von Gabriele

Gada *hebräisch:* glücklich

Gaea englische Form von Gea

Gafna *hebräisch:* Weinrebe

Gail amerikanischer Vorname wahrscheinlich althochdeutscher Herkunft: übermütig; oder englische Kurzform von Abigail; auch als männlicher Vorname!

Gala englische Nebenform von Gaea; auch *aus dem Altnorwegischen:* Sängerin

Galdina italienische weibliche Koseform von Galdo

Galina *russisch:* Friede, Ruhe

Ganesa *indisch-pakistanisch;* Name des Gottes des guten Schicksals und der Weisheit

Ganit *hebräisch:* Garten

Ganja Koseform von Galina oder Gawrila

Gari englische Koseform von Geraldine; auch als männlicher Vorname!

Garifallia *neugriechisch:* Nelke

Gauri *indisch-pakistanisch:* gelb oder blond (anderer Name für die Hindu-Göttin Shakti)

Gawrila auch Gavrila; russische Formen von Gabriele

G

Gayle englische Nebenform von Gail
Gea *griechisch:* die Erde
Geerta niederländische Form von Gerda
Geertrui niederländische Form von Gertrud
Gefion *nordisch;* Name einer nordischen Meeresgöttin; eigentlich »die Gebende«
Gelja russische Kurz- und Koseform von Angelika
Geltruda italienische Form von Gertrud
Gemma *italienisch:* Edelstein
Gena bulgarische und serbokroatische Form von Eugenie
Gene englische Koseform von Eugenie oder Genoveva; auch als männlicher Vorname!
Geneviève französische Form von Genoveva
Génia ungarische Form von Eugenie
Genna *arabisch:* Himmel
Genoveva auch Genovefa; ursprünglich gälischer Vorname: Volk und Frau
George Koseform von Georgia; auch als männlicher Vorname!
Georgeta rumänische Form von Georgia
Georgette französische Koseform von Georgia
Georgia auch Georgine; *griechisch:* die Bäuerin, die Landfrau
Gera Kurzform von Vornamen, die mit dem althochdeutschen »ger-« = Speer zusammengesetzt sind; auch als männlicher Vorname!
Geraldine weibliche Form von Gerald
Gerarda bulgarische, niederländische und polnische weibliche Form von Gerard
Gerda *nordisch:* die Schützerin, Hüterin; auch Kurzform von Gertrud
Germaine weibliche Form von Germain; auch als männlicher Vorname!
Germina niederländische weibliche Form von German; auch russische Form von Hermine
Gerry auch Gerrie; englische Koseformen von Geraldine; auch als männliche Vornamen!
Gertrud auch Gertraud, Gertrud, Gertrudis; *aus dem Althochdeutschen:* Speer und Stärke
Gertrude englische und französische Form von Gertrud
Gervaise weibliche Form von Gervais
Ghada *arabisch:* junges Mädchen
Ghadeer *arabisch:* Bach, Fluss
Ghislaine weibliche Form von Ghislain
Gianna italienische Kurzform von Johanna
Giannina italienische Kurzform von Giovannina
Gila *hebräisch:* Freude, Glück; auch Kurzform von Gisela
Gilda auch Gilta; italienische Kurzformen von Hilde; Gilda auch

G

aus dem Altenglischen: die Goldbedeckte

Giles englische weibliche Form von Ägid; auch als männlicher Vorname!

Gill englische Kurzform von Julia; auch als männlicher Vorname!

Gilla schwedische Kurzform von Gisela

Gillian englische Form von Juliane; auch als männlicher Vorname!

Gilly auch Gillie; englische Koseformen von Gillian

Gina Kurzform von Regina; auch italienische weibliche Form von Gino; auch rumänische Kurzform von Giorgina; auch *japanisch:* silbern

Ginette französische Koseform von Geneviève

Giorsal schottische Form von Gratia

Giovanna italienische Form von Johanna

Giovannina italienische Koseform von Giovanna

Giorgina rumänische Form von Georgia

Giralda italienische Form von Geraldine

Gisela *germanisch:* Spross; oder *aus dem Althochdeutschen:* Geisel, aus edlem Geschlecht

Gisèle französische Form von Gisela

Gisella italienische Form von Gisela

Gitana *spanisch:* Zigeunerin

Giulia italienische Form von Julia

Giuliana italienische Form von Juliane

Giulietta italienische erweiterte Form von Giulia

Giuseppa italienische Form von Josepha

Giuseppina italienische Form von Josephine

Gizella ungarische Form von Gisela

Gladys englischer Vorname irischer Herkunft; vielleicht von Claudia

Gleda *isländisch:* die Freude Bringende; auch englische Nebenform von Gladys

Glenda englischer Vorname; wohl weibliche Form von Glenn

Golda *jiddisch:* die Goldene

Goldy auch Goldie; englische Nebenformen von Golda

Gölin *schwedisch;* Bedeutung ungeklärt

Gönül *türkisch:* Herz, Seele

Gouda *niederländisch;* entspricht vermutlich Golda

Grace englische Form von Gratia

Gracia spanische und niederländische Form von Gratia

Gratia auch Grazia; *lateinisch:* die Anmutige, die Graziöse

Graziana weibliche Form von Graziano

Graziella italienische erweiterte Form von Gratia

Greta schwedische Kurzform von Margarete

Gretske niederländische Kurz- und Koseform von Margarete

Griselda auch Griselde; italienische Vornamen; Bedeutung ungeklärt; vielleicht *aus dem Germanischen:* Sand und Kampf

Grishilda englische Form von Griselda

Grizel englische Kurzform von Griselda

Guglielmina italienische Form von Wilhelmine

Gulja russische Kurzform von Galina; auch als männlicher Vorname!

Gun skandinavische Kurzform von Vornamen, die mit »Gun-« zusammengesetzt sind

Gunborg schwedischer Vorname althochdeutscher Herkunft: Kampf und Burg, Zuflucht

Gunbritt schwedischer Doppelname aus Gun und Britta

Gurli *persisch:* die Rose

Guscha Kurzform von Olguscha; auch als männlicher Vorname!

Gussy englische Kurz- und Koseform von Augusta

Gutja russische Kurzform von Augusta

Gwen auch Gwenda; Kurz- und Koseformen von Gwendolin

Gwendolin auch Gwendolyn; englische Vornamen keltischer Herkunft; Bedeutung ungeklärt; vielleicht schön, selig und Ring, Bogen; oder aus dem *Altwalisischen:* die Weißhaarige

Gwindi georgisch auch Gvindi: wir wollen dich

Gwyneth *englisch;* vom walisischen »gwynedd«, einer Bezeichnung für Nordwales; oder *walisisch:* die Weiße; oder die Gesegnete

Ha *vietnamesisch:* Fluss

Hadiya *afrikanisch (swaheli):* Gabe, Geschenk

Hagar *hebräisch:* die Fremde

Haldis *schwedisch:* Fels, Stein und Göttin

Haley *amerikanisch:* die Kluge, die Geschickte; oder *aus dem Schottischen:* die Heldenhafte; oder *aus dem Altenglischen:* die von der Heuweide; auch als männlicher Vorname!

Halina polnische Form von Helene

Halinka Koseform von Halina

Halka polnische Koseform von Helene

Hallgerd *schwedisch:* Feld, Stein und Hort, Schutz

Halona *indianisch:* gutes Schicksal

Hama *japanisch:* Ufer

Hana *japanisch:* Blume; auch englische, tschechische und polnische Form von Hannah

Hanan *arabisch:* liebevoll, zärtlich

Hanja slawische Koseform von Johanna

Hanka slawische Verkleinerungsform von Johanna

Hannah *hebräisch:* die Anmutige, die Begnadete

Harper *aus dem Altenglischen:*

Harfenspielerin; auch als männlicher Vorname!

Harriet englische Kurzform von Henriette

Haru *japanisch:* Frühling

Hasana *afrikanisch (nigerianisch):* die Erstgeborene von Zwillingstöchtern

Hasina *afrikanisch (swaheli):* gut

Hatty auch Hattie; englische Koseformen von Henriette

Hausu *indianisch:* beim Erwachen gähnender Bär

Haven *aus dem Altenglischen:* Hafen, sicherer Ort; auch als männlicher Vorname!

Hazel *englisch:* Haselnuss (früheres Symbol von Herrschaftsinsignien); auch alte Kurzform von Hedwig

Heather *englisch:* Heidekraut

Hedda Kurzform von Hedevig

Hedevig norwegische Form von Hedwig

Hedwig auch Hadwig; *aus dem Althochdeutschen:* Streit und Kampf

Hedwige französische Form von Hedwig

Helen englische Form von Helene

Helene auch Helena; *griechisch:* die Leuchtende, die Strahlende

Hélène französische Form von Helene

Helga *nordisch:* gesund, heil, unversehrt

Helge Nebenform von Helga; auch als männlicher Vorname!

Helvi finnische Form von Hedwig

Henriette auch Henrietta; *aus dem Französischen;* weibliche Verkleinerungsform von Henri = Heinrich

Hera *griechisch:* die Mächtige, die Beschützerin, die Starke

Herdis *nordisch; ursprünglich aus dem Isländischen:* Heer und Schutzgöttin

Hermina tschechische, ungarische und polnische Form von Hermine

Hermine weibliche Form von Hermann

Hermosa *spanisch:* schön

Hermtje niederländisch-friesische Koseform von Hermine

Hester niederländische und englische Form von Esther

Hilaria *lateinisch:* die Heitere

Hilary englische Form von Hilaria; auch als männlicher Vorname!

Hilde auch Hilda; Kurzformen von Vornamen, die mit »Hild-« oder »-hild« zusammengesetzt sind

Hildegard *aus dem Althochdeutschen:* Kampf und Schutz

Hinda *jiddisch:* Reh

Hjördis *altnordisch:* Schwert und Göttin

Hoa *vietnamesisch:* Blume; oder Friede

Hoku *hawaiisch:* Stern; auch als männlicher Vorname!

Hokulani *hawaiisch:* Stern am Himmel

Holma weibliche Form von Holm

Holpurga wendische Form von Walburg

Hong *vietnamesisch:* Nelke; oder rosa
Hope *englisch:* Hoffnung
Hoshi *japanisch:* Stern
Hua *chinesisch:* Blume
Huong *vietnamesisch:* Blume
Hürrieyet *türkisch:* Freiheit
Hye *koreanisch:* Eleganz, Grazie

Iduna *nordisch;* Name der altnordischen Göttin der Jugend
Ifigenia italienische und neugriechische Form von Iphigenie
Ilana bulgarisch-mazedonische Form von Helene; auch bulgarische weibliche Form von Ilija
Ilaria italienische Form von Hilaria
Ildegarda italienische Form von Hildegard
Ilektra neugriechischer Vorname; nach der Elektra aus der griechischen Tragödie
Ilene arabische Form von Helene
Iliane schwedische und flämische Form von Juliane
Ilina auch Ilinka; bulgarisch-mazedonische Formen von Helene
Iljana slawische weibliche Form von Ilja; auch ukrainische Nebenform von Helene
Ilka ungarische Kurzform von Ilonka
Ilona ungarische Form von Helene
Ilonka ungarische Koseform von Ilona
Iluska ungarische Koseform von Ilona
Iman *arabisch:* Glaube
Imma *akkadisch:* Wasserträgerin; oder Kurzform von Vornamen, die mit »Irm-« zusammengesetzt sind, z.B. Irmgard
Imogen englischer Vorname; Bedeutung unsicher; vielleicht *aus dem Altirischen:* Tochter, Mädchen; oder *lateinisch:* Bild
Indira *indisch-pakistanisch;* vielleicht zu Indra (Hauptgott der vedischen Religion)
Ines Nebenform von Inés
Inés spanische Form von Agnes
Inga schwedische Kurzform von Vornamen, die mit »Ing-« zusammengesetzt sind
Ingalisa schwedischer Doppelname; zusammengesetzt aus Inga und Lisa, einer Kurzform von Elisabeth
Inger schwedische Kurzform von Ingerid
Ingerid Nebenform von Ingrid
Ingrid nordischer Vorname; *aus dem Altnordischen:* Ingvio (germanischer Stammesgott) und schön oder Reiterin
Innokentija russische Form von Innozentia
Innozentia auch Innocentia; *lateinisch:* die Unschuldige
Ioanna neugriechische Form von Johanna
Iolandi neugriechische Form von Jolanthe

Iphigenie auch Iphigenia; Name einer Göttin; *aus dem Griechischen:* die aus mächtigem Geschlecht
Ira Kurzform von Irene oder Irina; oder *hebräisch:* wachsam; auch als männlicher Vorname!
Ireen englische Nebenform von Irene
Irén ungarische Form von Irene
Irena Nebenform von Irina; auch polnische und tschechische Form von Irene
Irene *griechisch:* die Friedliche
Irène französische Form von Irene
Irina slawische Form von Irene
Irini neugriechische Form von Irene
Irka polnische Verkleinerungsform von Irene
Irmgard *aus dem Althochdeutschen:* Erde, Welt und Schutz
Isabel portugiesische und spanische Form von Elisabeth; oder *aus dem Hebräischen:* die Unberührte
Isabella erweiterte Form von Isabel
Isabelle französische Form von Isabella
Isadora auch Isadore; Nebenformen von Isidora
Iseabal schottische Form von Isabella
Iseut französische Form von Isolde
Ishi *japanisch:* Stein
Isidora auch Isidore; *griechisch:* Geschenk der Göttin Isis
Isleen englische Form von Aislinn
Ismet *türkisch:* Ehre, Anstand; auch als männlicher Vorname!
Ismini *neugriechisch:* die mit den zahlreichen guten Eigenschaften
Isobel englische Form von Isabel
Isolde wahrscheinlich keltischer Herkunft; oder *aus dem Althochdeutschen:* Eisen, Rüstung und walten
Isotta italienische Form von Isolde
Istas *indianisch:* Schnee
Ituha *indianisch:* kräftige Eiche
Ivana Nebenform von Iwana
Ivanka Koseform von Ivana
Ivera weibliche Form von Ivar
Ivette Nebenform von Yvette
Ivonne Nebenform von Yvonne
Iwana weibliche Form von Iwan
Iwanka Koseform von Iwana
Izusa *indianisch:* weißer Stein

Jacinth englische weibliche Form von Hyazinth
Jacqueline weibliche Form von Jacques
Jacquetta weibliche Form von Jacques
Jadwiga polnische Form von Hedwig
Jaime englische weibliche Form von Jakob; auch als männlicher Vorname!
Jamila auch Djamila; *arabisch:* die Schöne
Jana auch Janna; slawische Formen von Johanna
Jane englische Form von Johanna
Janet englische Koseform von Jane

Janika bulgarische Koseform von Jana
Janina auch Janine; polnische und russische Formen von Johanna
Janis Nebenform von Jane; auch als männlicher Vorname!
Janita west-südslawische Koseform von Jana
Janka bulgarische und ungarische Koseform von Jana
Jannick schweizerische Kurzform von Jeannique; Jannik ist männlicher Vorname!
Jantina erweiterte Form von Jana
Januaria weibliche Form von Januarius
Jara *brasilianisch;* wahrscheinlich Nebenform von Januaria
Jarita *indisch-pakistanisch:* Vogel; oder *arabisch:* irdener Wasserkrug
Jarla weibliche Form von Jarl
Jarmila weibliche Form von Jarmil
Jascha Kurzform von Jadwiga; auch als männlicher Vorname!
Jasmin auch Jasmina, Jasmine, Yasmin; *aus dem Persischen;* Name eines Zierstrauchs
Jean englische Form von Johanna; auch als männlicher Vorname!
Jeanne französische Form von Johanna
Jeannette Koseform von Jeanne
Jeannine Koseform von Jeanne
Jeannique erweiterte Form von Jeanne
Jekaterina russische Form von Katharina
Jelena russische und serbokroatische Form von Helena
Jelenka russische Koseform von Jelena
Jelisaweta russische Form von Elisabeth
Jelka ungarische Koseform von Helene
Jemie auch Jemmie; englische Koseformen von Jemima
Jemima englische Form von Yemimah
Jeni rumänische Form von Eugenie
Jenna englische Form von Johanna
Jennifer englischer Vorname keltischer Herkunft; vielleicht vom walisischen »gwyn« = weiß
Jenny englische Form von Johanna
Jensine dänische Form von Johanna
Jeronima weibliche Form von Jeronimo
Jerry englische Koseform von Geraldine; auch als männlicher Vorname!
Jessamine auch Jessamyn; englische Formen von Jasmin
Jesse englischer Vorname hebräischer Herkunft: Jahwe (Gott) existiert; auch als männlicher Vorname!
Jessica auch Jessika; englische Vornamen hebräischer Herkunft: Gott blickt an; Jessika auch schwedische Form von Johanna
Jessie schottische Koseform von Janet; auch englische Nebenform von Jessika

Jezabel hebräische Form von Isabel
Jibon *indisch-pakistanisch:* Leben
Jill englische Kurzform von Gillian
Jitka tschechische Koseform von Judith
Joan englische Form von Johanna; auch als männlicher Vorname!
Joana portugiesische Form von Joan
Jody auch Jodie; englische Koseformen von Judith; auch als männliche Vornamen!
Joel *hebräisch:* Jahwe ist Gott; auch als männlicher Vorname!
Johana tschechische Form von Johanna
Johanna auch Joanna, Johanne; *hebräisch:* Jahwe (Gott) ist gnädig
Johnny auch Jonny; englische Koseformen von Johanna; auch als männliche Vornamen!
Jola Kurzform von Jolanthe
Jolán ungarische Kurzform von Jólanká
Jólanká *ungarisch:* gutes Mädchen
Jolanthe auch Yolanthe, Jolanda, Yolanda; *griechisch:* Veilchen
Jonna dänische Kurzform von Johanna
Jordan *hebräisch:* das Herabfließende; wahrscheinlich ursprünglich *aus dem Germanisch-Althochdeutschen:* Erde und kühn; auch als männlicher Vorname!
Jordis auch Jördis, Hjördis; *altnordisch:* Schwert, Göttin
Jorid *schwedisch:* schönes Pferd
Joscelyn englische Nebenform von Justina
Joscha ungarische Kurzform von Josepha; auch als männlicher Vorname!
Josée französische Form von Josephine
Josefita spanische erweiterte Form von Josepha
Josepha auch Josefa; weibliche Formen von Joseph; *hebräisch:* Jahwe (Gott) schenke Vermehrung
Josephine auch Josephina, Josefine; erweiterte Formen von Josepha
Josette französische Koseform von Josephine
Josiane französische Koseform von Josephine
Josina niederländische Form von Josephine
Jovanka slawische Form von Johanna
Jovita auch Jowita; südslawische Koseformen von Johanna
Jovita auch Joyvita; *englisch:* Freude am Leben
Joy *englisch:* Freude
Joyce *angloamerikanisch:* Freude; auch als männlicher Vorname!
Juana spanische Form von Johanna
Juanita Koseform von Juana
Judith auch Juditha; *hebräisch:* die Bekennerin, die Gepriesene, Jüdin
Judy englische Koseform von Judith

Julia *lateinisch:* die aus dem Geschlecht der Julier

Juliane auch Juliana; erweiterte Formen von Julia

Julianka slawische Form von Juliane

Julianna erweiterte Form von Juliane; auch ungarische Form von Juliane

Julienne französische Form von Juliane

Juliet englische Form von Julia

Julietta Verkleinerungsform von Julia

Juliette französische Koseform von Julia

Julischka auch Julika; ungarische Koseformen von Julia

July englische Form von Julia

June englische Form von Junia

Junia *lateinisch:* die im Juni Geborene

Jurina weibliche westslawische Form von Juri

Justa spanische weibliche Form von Justus

Justina weibliche Form von Justinus

Jyssica englische Nebenform von Jessika

Jytte dänische Form von Judith

Kaarina finnische Form von Katharina

Kachina *indianisch:* heilige Tänzerin

Kadriye weibliche Form von Kadri

Kagami *japanisch:* Spiegel

Kai auch Kay; vermutlich keltischer Herkunft; Bedeutung ungeklärt; oder *hawaiisch:* Meer; auch als männliche Vornamen!

Kaija Nebenform von Chaya

Kaile Kurzform von Kelila

Kaire Nebenform von Cari

Kaj *dänisch;* Herkunft und Bedeutung ungeklärt; vielleicht aus dem Nordischen übernommene Kurzform von Katharina; oder aus dem althochdeutschen »kamph« = Kampf, Streit; auch als männlicher Vorname!

Kaja schwedische Kurzform von Kajsa; auch friesische Kurzform von Katharina

Kajsa schwedische Koseform von Karin

Kala *indisch-pakistanisch:* die Schwarze

Kalama *hawaiisch:* leuchtende Fackel

Kalere *afrikanisch:* kleine Frau

Kali *indisch-pakistanisch:* schwarze Göttin

Kalila *arabisch:* Geliebte

Kalinda *indisch-pakistanisch:* Sonne

Kalliope *griechisch:* die mit der schönen Stimme

Kalpana *indisch-pakistanisch:* Gedanke, Vorstellung

Kama *indisch-pakistanisch:* Liebe

Kamaria *afrikanisch (swaheli):* die dem Mond Gleiche

K

Kamata *indianisch:* Spiel
Kameke *afrikanisch:* die Blinde
Kameko *japanisch:* Tochter der Schildkröte (Symbol für langes Leben)
Kami *japanisch:* göttliche Kraft
Kamila *arabisch:* vollkommen; auch ungarische, lettische und polnische Form von Camilla
Kanani *hawaiisch:* Schönheit
Kandida Nebenform von Candida
Kane *japanisch:* die Weise; auch als männlicher Vorname!
Kanika *afrikanisch (kenianisch):* schwarzes Tuch
Kanya *indisch-pakistanisch:* Jungfrau
Kapua *hawaiisch:* Blume, Blüte
Kapuki *afrikanisch:* Erstgeborene
Kara englische Nebenform von Cara
Karanfil *türkisch:* Nelke
Kareen irische Form von Katharina
Karel Neubildung aus Karoline und Elisabeth; auch als männlicher Vorname!
Karen auch Caren; dänische und schwedische Formen von Karin
Kari norwegische Form von Katharina; auch *amerikanisch:* kleines Fräulein
Karia baskische Kurzform des Heiligennamens Santakara
Karianne niederländische Zusammensetzung aus Katharina und Johanna
Karin nordische Kurzform von Katharina
Karina auch Carina, *italienisch:* die Hübsche
Karla auch Carla; *aus dem Althochdeutschen:* die Freie
Karma *indisch-pakistanisch:* Schicksal
Karola auch Carola, Karolina, Karolin; erweiterte Formen von Karla, Carla
Karoline erweiterte Form von Karola
Karuna *indisch-pakistanisch:* Mitgefühl
Kasa *indianisch:* Fellkleid
Kasi *indisch-pakistanisch:* die aus der heiligen Stadt
Kassia polnische Form von Katharina
Katalin auch Katalyn; ungarische Kurzformen von Katharina
Katarzyna polnische Form von Katharina
Kate auch Kathe, Kathy; englische Kurzformen von Katharina
Katelin Nebenform von Caitlín
Kateline mittelenglische Form von Katharina
Katharina auch Katharine, Kathrin, Kathrein; *griechisch:* die Reine
Käthe auch Käte, Kati, Katy; Kurz- und Koseformen von Katharina
Kathinka russische Kurzform von Katharina
Kathleen auch Cathleen; englisch-irische Formen von Katharina
Katia auch Katya; russische Kurz- und Koseformen von Katharina

Katina ungarische Form von Katharina
Katinka russische Kurzform von Katharina
Katja russische Kurz- und Koseform von Katharina
Katjana erweiterte Form von Katja
Katjuscha russische Koseform von Katharina
Katka slowenische und ungarische Kurzform von Katharina
Katrijn niederländische Form von Katharina
Katrischa bulgarische Form von Katharina
Katty englische Koseform von Katharina
Katura *afrikanisch (rhodesisch):* ich fühle mich erleichtert
Kaula *hawaiisch:* Prophetin
Kaulana *hawaiisch:* die Berühmte
Kavindra *indisch-pakistanisch:* Dichterin
Kay Nebenform von Kai
Kaya französische Kurzform von Katharina; auch *indianisch:* meine große Schwester
Kayla amerikanische Form von Katharina
Kei *japanisch:* Verzückung, Geliebte
Keiki *hawaiisch:* Tochter
Keiko erweiterte Form von Kei
Kekona *hawaiisch:* zweitgeborenes Kind
Kelci auch Kelcie; andere Formen von Kelsi
Kelda *altnordisch:* Quelle
Kele *indianisch:* Sperber
Kelebek *türkisch:* Schmetterling
Kelila auch Kelilah; *hebräisch:* Krone, Sieg
Kelly *aus dem Irisch-Gälischen:* Kriegerin; auch als männlicher Vorname!
Kelsi auch Kelsie; angloamerikanische Vornamen keltischer Herkunft: Kriegerin
Kenda *amerikanisch:* Tochter des reinen Wassers
Kendall *aus dem Altenglischen:* die vom hellen Tal; auch als männlicher Vorname!
Kenya amerikanischer Vorname; nach dem afrikanischen Staat
Kera Nebenform von Kerani
Kerani *indisch-pakistanisch:* heilige Glocke
Kerie auch Kery; Nebenformen von Kerani
Kerry indoamerikanische Koseform; Bedeutung ungeklärt; auch als männlicher Vorname!
Kersta schwedische Form von Kerstin
Kerstin auch Kerstina, Kerstine; schwedische Nebenformen von Kristin
Kesava *indisch-pakistanisch:* die Haarreiche
Keshia *afrikanisch:* die Bevorzugte
Kesi *afrikanisch (swaheli):* sie wurde geboren, als ihr Vater in Schwierigkeiten war
Ketty englische Kurzform von Katharina
Ketura *hebräisch:* Weihrauch

K

Ketzia *hebräisch:* Zimt

Kezia auch Kezi; Nebenformen von Ketzia

Kichi *japanisch:* die Glückliche

Kiele *hawaiisch:* Gardenie

Kiku *japanisch:* Chrysantheme

Kim amerikanischer Vorname; vermutlich Kurzform von Marilyn oder von Kimberley; auch als männlicher Vorname!

Kimama *indianisch:* Schmetterling

Kimberley *aus dem Altenglischen:* die von der Weide des Königspalastes; auch als männlicher Vorname!

Kimi *japanisch:* die Einzigartige, die Herrscherin

Kimiko erweiterte Form von Kimi

Kineta *griechisch:* die Bewegte

Kinga ungarische Kurzform von Kunigunde

Kira russische Form von Kyra

Kirby angloamerikanischer Vorname altnordischer Herkunft: die vom Kirchendorf; auch als männlicher Vorname!

Kiriaki weibliche Form von Kiriakos

Kiritan *indisch-pakistanisch:* die Gekrönte

Kirsi *indisch-pakistanisch:* geliebte Blume

Kirsten auch Kirstin, Kirstine, Kirstien, Kirston, Kirstyn; dänische und schwedische Formen von Christine

Kirsti schwedische Kurzform von Christine

Kirsty schottische Kurzform von Christine

Kisa *russisch:* Kätzchen

Kishi *japanisch:* Ufer (Symbol für langes Leben)

Kiska russische Kurzform von Katharina

Kismet *amerikanisch:* Schicksal

Kissa *afrikanisch (ugandisch):* die nach Zwillingen Geborene

Kita *japanisch:* Norden

Kitty englische Kurzform von Katharina

Kiwa *japanisch:* die von der Grenze Stammende

Klara auch Clara, Kläre; *lateinisch:* die Helle, Glänzende

Klaudia auch Claudia; römischer Familienname; eigentlich die Hinkende

Klea griechische Kurzform von Vornamen, die mit »Klea-« oder »Kleo-« zusammengesetzt sind

Klenja russische Kurzform von Kleopatra

Kleopatra *griechisch:* Ruhm und Vater

Kleopha weibliche Form von Kleophas

Klepa russische Kurzform von Kleopatra

Klera russische Kurzform von Kleopatra

Klesa *indisch-pakistanisch:* Schmerz

Klescha russische Kurzform von Kleopatra

Klio auch Clio; *griechisch:* die Rühmerin
Koffi *afrikanisch:* die am Freitag Geborene
Kohinor *persisch:* Berg des Lichts
Koko *japanisch:* Storch (Symbol für langes Leben)
Kolina schwedische Kurzform von Katharina
Kolomba *griechisch:* die Taube
Kolumbine erweiterte Form von Kolomba
Kona *indisch-pakistanisch:* eckig (Name des Hindu-Gottes Saturn)
Konkordija russische Form von Concordia
Konstanze auch Konstanza, Constanze; *lateinisch:* die Beständige
Kora *griechisch:* Mädchen, Tochter; auch niederländische Form von Cornelia
Kori amerikanische Form von Kora
Korinna auch Corinna; *griechisch:* Mädchen, Tochter
Kornelia Nebenform von Cornelia
Kosima Nebenform von Cosima
Krishna auch Krischna; indische Vornamen; nach dem indischen Gott Krishna (der Schwarze); oder die Entzückende; auch als männlicher Vorname!
Krista nordische Form von Christa
Kristiane nordische Form von Christiane
Kristin auch Kristine, Kristina; nordische Formen von Christine
Krysta polnische Form von Christine
Kuai Hua *chinesisch:* Malve (Symbol magischer Macht)
Kudio *afrikanisch:* die am Montag Geborene
Kuma *japanisch:* Bär
Kumi *japanisch:* Haarzopf; auch als männlicher Vorname!
Kumuda *indisch-pakistanisch:* Lotos
Kunigunde *aus dem Althochdeutschen:* Sippe und Kampf
Kuni *japanisch:* die vom Land Stammende
Kuri *japanisch:* Kastanienbaum
Kusum *aus Sri Lanka:* Blume
Kutcuyak *indianisch:* dicht behaarter Bär
Kwabina *afrikanisch:* die am Dienstag Geborene
Kwako *afrikanisch (ghanaisch):* die am Mittwoch Geborene; auch als männlicher Vorname!
Kwamin *afrikanisch:* die am Samstag Geborene; auch als männlicher Vorname!
Kwashi *afrikanisch:* die am Sonntag Geborene
Kwau *afrikanisch:* die am Donnerstag Geborene
Kyla weibliche Form von Kyle
Kyle jiddische Kurzform von Kelila
Kylie *australisch:* Bumerang
Kym Kurzform von Kimberley
Kyna *aus dem Irisch-Gälischen:* Weisheit
Kyra auch Cyra, Kira, Khira; von dem griechischen »kyrene« = Frau aus Kyrenaika

L

Labhaoise irische Form von Louise
Lada süd- und westslawische Kurzform von Ladislava
Ladina auch Ladinka; südslawische Koseformen von Ladislava
Ladislava weibliche Form von Ladislaus
Laila *finnisch-lappländisch;* umgebildet aus Aila
Lakya *indisch-pakistanisch:* die am Donnerstag Geborene
Lala slawische Kurzform von Ladislava
Lale dänischer Vorname; aus der Kindersprache übernommene Lallform; auch skandinavische Kurzform von Laura
Lâle *türkisch;* abgeleitet vom Namen der Tulpe (Symbol roter Lippen)
Lalita *indisch-pakistanisch:* die Bezaubernde (anderer Name für die Hindu-Göttin Shakti)
Lâmia weibliche Form von Lâmi
Lana Kurzform von slawischen Vornamen, die mit »-lana« zusammengesetzt sind, z.B. Svetlana
Lani *hawaiisch:* Himmel; auch als männlicher Vorname!
Lara Kurzform von Laura
Larissa russische erweiterte Form von Lara; auch identisch mit dem griechischen Städtenamen Larissa
Latifa weibliche Form von Latif
Lätitia *lateinisch:* Freude, Frohsinn
Laura Kurzform und italienische, englische und spanische Form von Laurentia
Laure französische Nebenform von Laura
Laurel englische Nebenform von Laura; auch als männlicher Vorname!
Laurence französische Form von Laurentia; auch als männlicher Vorname!
Laurentia auch Laurenzia; *lateinisch:* die aus (der Stadt) Laurentium; auch als die Lorbeergeschmückte gedeutet
Lauretta auch Laurette; italienische und französische Koseformen von Laura
Laurie auch Lauri; englische Koseformen von Laura; auch als männliche Vornamen!
Lavra russische Form von Laura
Lea *hebräisch:* die Ermüdete; oder Wildkuh
Leanor spanische Form von Eleonore
Leatrice englischer Doppelname; zusammengesetzt aus Lea und Beatrice
Lee angloamerikanischer Vorname; von Lea oder *aus dem Irisch-Gälischen:* anmutig; oder *aus dem Altenglischen:* die vom Weideland Stammende; auch als männlicher Vorname!
Leeba *hebräisch:* Herz
Léetice französische Form von Lätitia
Leila *arabisch:* eine Nacht
Leilani *hawaiisch:* Kind des Himmels; oder Blume des Himmels

Leli Kurzform von Lelia oder Magdalene

Lelia italienischer Vorname; von »Laelia«, einem alten römischen Frauennamen; oder niederländisch zum lateinischen »lilium« = Lilie

Lenka slawische Kurzform von Helene oder Magdalene

Leocadia auch Leokadia; Herkunft und Bedeutung unsicher; erster Namensbestandteil: Löwe; zweiter Bestandteil vielleicht slawische Kurzform von Katharina

Leone englische Koseform von Leonie; auch als männlicher Vorname!

Leonida weibliche Form von Leonid

Leonie weibliche Form von Leo

Leontine *lateinisch:* die Löwengleiche

Leontyne englische Form von Leontine

Leopolde *aus dem Althochdeutschen:* Volk und kühn

Leopoldine erweiterte Form von Leopolde

Leotie *indianisch:* Prärieblume

Lesley Nebenform von Leslie; auch als männlicher Vorname!

Leslie englischer und französischer Vorname; ursprünglich ein Familienname; auch als männlicher Vorname!

Letafet *türkisch:* Schönheit, Lieblichkeit

Letice englische Form von Lätitia

Letizia italienische Form von Lätitia

Letty englische Koseform von Letice

Levana *hebräisch:* Mond; oder weiß

Li *chinesisch:* schön; auch als männlicher Vorname!

Li Hua *chinesisch:* Birnenblüte

Libby englische Koseform von Elisabeth oder Liberty

Libera *italienisch:* die Freie

Liberty *englisch:* frei; auch als männlicher Vorname!

Libussa *slawisch:* Liebe, Liebling

Lida Kurzform von Adelheid oder Ludmilla

Liddy englische Kurzform von Lydia

Lien *chinesisch:* Lotos

Lilian auch Liliana, Liliane; englische erweiterte Formen von Lilly; oder englische Nebenformen von Lillian

Lilith Name eines babylonischen Sturmdämons; zum hebräischen »lilith« = die Nächtliche

Lillian englischer Vorname lateinischer Herkunft: Lilie

Lilly auch Lilli, Lily; Kurz- und Koseformen von Elisabeth oder Lillian

Liluye *indianisch:* singendes Falkenjunges

Limone *italienisch;* Zitrusfrucht

Lina auch Line; Kurzformen von Vornamen, die mit »-lina« oder »-line« zusammengesetzt sind

Lindsay *aus dem Altenglischen:* die von der Insel der Lindenbäume; auch als männlicher Vorname!
Lindsey Nebenform von Lindsay
Linette französische Koseform von Lina
Lise Kurzform und französische und dänische Form von Elisabeth
Lisenka slawische Kurz- und Koseform von Elisabeth
Lisette auch Lisetta; französische Koseformen von Elisabeth
Lisiane französische erweiterte Form von Lise
Liska schwedische Kurzform von Elisabeth
Lita niederländische Kurzform von Vornamen, die mit dem althochdeutschen »luit-« (Volk) zusammengesetzt sind
Litonya *indianisch:* schneller Kolibri
Liusadh schottische Form von Louise oder Lucia
Liv *nordisch:* Wehr, Schutz; häufig assoziiert mit liv = Leben; auch englische Koseform von Olivia
Livana Nebenform von Levana
Livanga *afrikanisch:* denke vor dem Essen (nach einem Sprichwort)
Livia weibliche Form von Livius
Lizzy auch Lizzi, Liz, Liza; englische Kurz- und Koseformen von Elisabeth oder Alice
Ljuba auch Liuba; *slawisch:* die Liebe, die Liebende
Ljubinka slawische Koseform von Ljuba
Loana andere Form von Luana; oder erweiterte Form von Lona
Lokelani *hawaiisch:* himmlische Rose
Lola spanische Kurz- und Koseform von Dolores oder Carola
Lolita spanische Koseform von Lola
Lomasi *indianisch:* schöne Blume
Lona Kurzform von Apollonia
Lora slawische Nebenform von Laura; oder russische Kurzform von Larissa
Loredana italienischer Vorname lateinischer Herkunft: Lorbeerkranz
Loreen Nebenform von Lorena
Lorena angloamerikanische erweiterte Form von Laura
Lorenza weibliche italienische Form von Lorenzo
Loretta auch Lorette; Nebenformen von Lauretta
Loris italienische und schweizerische Kurzform von Laurentia; auch als männlicher Vorname!
Loritta auch Lorita; Nebenformen von Loretta
Lorna amerikanischer Vorname; Bedeutung ungeklärt; wahrscheinlich aus R. D. Blackmores Roman »Lorna Doone«
Lorraine englische und französische abgeleitete Form von Laura
Lou Kurz- und Koseform von Louise; auch als männlicher Vorname!
Louise weibliche Form von Louis

L

Lowisa auch Lowise; niederdeutsche und schwedische Formen von Luise

Loyce englische Nebenform von Louise

Lu Kurzform von Vornamen, die mit »Lud-« (vom althochdeutschen »hlûd« = berühmt) zusammengesetzt sind; auch als männlicher Vorname!

Luana amerikanischer Vorname; Herkunft und Bedeutung ungeklärt; vielleicht verkürzte Form von Luann, einem Doppelnamen aus Louise und Anna

Lubinka slawische Nebenform von Ljubinka

Luc französische Kurzform von Lukretia; auch Kurzform von Lucy; auch als männlicher Vorname!

Luca italienische Kurzform von Lukretia; auch als männlicher Vorname!

Luce englische Form von Lucia oder Lukretia

Lucetta italienische Koseform von Lucia

Lucette französische Koseform von Lucia

Lucia auch Lucie, Luzia; *lateinisch:* die Leuchtende, die bei Tagesanbruch Geborene

Lucienne weibliche Form von Lucien

Lucilla französische und italienische Form von Lucia

Lucinde französische erweiterte Form von Lucia

Lucrèce französische Form von Lukretia

Lucy englische Form von Lucia

Ludmilla *slawisch:* Volk und lieb, angenehm

Ludovica weibliche Form von Ludovico

Ludowika slawische Form und Nebenform von Ludwiga

Ludwiga *aus dem Althochdeutschen:* berühmt und Kampf

Luighseach irische Form von Lucia

Luigia italienische Form von Ludwiga

Luisa italienische, spanische und rätoromanische Form von Louise

Luisella italienische Koseform von Luisa

Lukerja russische Form von Lukretia

Lukretia auch Lucretia; Lukrezia; *lateinisch:* aus dem Geschlecht der Lukretier

Lulani *hawaiisch:* höchster Punkt im Himmel; auch als männlicher Vorname!

Lunetta amerikanischer Vorname; *lateinisch:* luna = Mond

Lupetu *indianisch:* Bär, der über einen zwischen Felsen verborgenen Mann klettert

Lusela *indianisch:* sich die Pfote leckender Bär

Lydia *griechisch:* die aus Lydien Stammende

Lykke *nordisch:* Glück

Lyn englische Form von Lina; auch *aus dem Altwalisischen:* die vom

L M

Wasserfall; auch als männlicher Vorname!

Lysandra weibliche Form von Lysander

Maaike niederländische Form von Maria

Mab *aus dem Irisch-Gälischen:* Heiterkeit, Glück

Mabel englische Kurzform von Amabella

Machi *japanisch:* zehntausend (nach japanischer Überlieferung bringen runde Zahlen Glück)

Mada irische Form von Maud

Madalena auch Maddalena; italienische Formen von Magdalena

Madeleine französische Form von Magdalena

Madeline französische Nebenform von Magdalena

Madelon französische Koseform von Magdalena

Madge englische Kurzform von Margarethe

Madlenka slawische Form von Magdalena

Mady englische Kurz- und Koseform von Magdalena oder Maida

Mae englische Kurzform von Mary

Mafalda Herkunft und Bedeutung ungeklärt; im Italienischen gebräuchlich

Mag auch Magg, Maggie, Maggy; englische Kurzformen von Margarethe

Magali Kurzform von Magelone

Magara *afrikanisch (rhodesisch):* sitzen; oder stehen (für ein Kind, das viel Zuwendung braucht)

Magdalen englische Form von Magdalena

Magdalena auch Magdalena; *hebräisch:* die aus Magdala Stammende

Magdalina russische Form von Magdalena

Magdelone dänisch-norwegische Form von Magelone

Magdolna ungarische Form von Magdalena

Magelone französischer literarischer Name aus dem 16. Jahrhundert; Nebenform von Magdalena

Magena *indianisch:* der aufgehende Mond

Maggy englische Koseform von Mary

Magna weibliche Form von Magnus; auch Nebenform von Magnhild

Magnhild nordische Form von Mathilde

Mahala *hebräisch:* Zartheit

Mahalia englische Form von Mahala

Mahina *hawaiisch:* Mond

Mai-Britt auch Maj-Britt; skandinavischer Doppelname; vermutlich zusammengesetzt aus Maja und Britta

Maia *griechisch:* Amme; oder Mutter; oder *lateinisch:* die Große

Maible irische Form von Mabel
Maida *aus dem Altenglischen:* Mädchen
Maidie englische Kurzform von Margarethe; in den USA verbreitet; oder englische Koseform von Maida
Maighdlin irische Form von Magdalena
Maika russische Kurzform von Maria
Mailin irische Form von Magdalena
Máire irische Form von Maria
Mairghread irische und schottische Form von Margarethe
Mairi schottische Form von Maria
Maitagorry *südfranzösisch-baskisch:* Morgenröte
Maite baskische Form von Amata
Maitilde irische Form von Mathilde
Maj nordische Kurzform von Maria
Maja auch Maya; *aus dem Lateinischen;* Name einer römischen Göttin; auch Kurzform von Maria
Majd *arabisch:* Ruhm, Ehre
Majken schwedische Kurz- und Koseform von Maria
Makalonca slowenische Form von Magelone
Makana *hawaiisch:* Geschenk
Makani *hawaiisch:* Wind; auch als männlicher Vorname!
Makarie weibliche Form von Makarios
Malaika auch Maleika; *arabisch:* die Engel
Maleen auch Malena, Malene; nordische Kurzformen von Magdalena
Malenka slawische Kurzform und russische Form von Melanie
Malika ungarische Kurzform von Amalia
Malila *indianisch:* stromaufwärts schwimmender Lachs
Malin auch Malina, Maline; Kurzformen von Magdalena; vielleicht im Zusammenhang mit dem russischen »malina« = Himbeerstrauch
Malinda auch Malinde; angloamerikanische Vornamen; vielleicht Nebenformen von Magdalena; oder *aus dem Griechischen:* die Zarte; oder *aus dem Altenglischen:* die Vornehme, Edle
Malka *hebräisch:* Königin
Malulani *hawaiisch:* unter himmlischem Schutz
Mamo *hawaiisch:* Safran; oder gelber Vogel; auch als männlicher Vorname!
Mana *hawaiisch:* übernatürliche Macht
Manata *georgisch:* sie hat mich angestrahlt
Manda Kurzform von Amanda
Mandisa *südafrikanisch:* süß
Mandy englische Koseform von Manda
Mangena *hebräisch:* Lied, Melodie
Manja slawische Kurzform von Maria

M

Manon französische Koseform von Maria

Mansi *indianisch:* gepflückte Blume

Mara *hebräisch:* bitter; auch russische Kurz- und Koseform von Maralda

Maralda weibliche Form von Marald

Marcail schottische Form von Marjorie

Marcel englische Koseform von Marceline oder Marcella; auch als männlicher Vorname!

Marceline weibliche Form von Marcellus

Marcella weibliche Form von Marcellus

Marcellina auch Marcelline; Koseformen von Marcella

Marcia weibliche Form von Marcus

Marcie englische Koseform und französische Form von Marcia

Maren dänische Form von Marina; friesische Kurzform von Maria

Maret auch Mareta, Marete; estnische und lettische Kurzformen von Margarethe

Marfa russische Form von Martha

Margalita russische Nebenform von Margarethe

Margarethe auch Margareta, Margaret; *hebräisch:* die Perle

Margarita spanische und russische Form von Margarethe

Margery englische Kurz- und Koseform von Margarethe

Margherita italienische Form von Margarethe

Margit auch Margitta; schwedische, ungarische und rätoromanische Formen von Margarethe

Margot französische Kurzform von Marguerite

Margret englische Form von Margarethe

Margriet niederländische Form von Margarethe

Marguerite französische Form von Margarethe

Marguna *georgisch:* Er (Gott) hat sie mir zugeteilt

Mari russische und tschechische Form von Maria; auch englische Koseform von Mary

Maria Vorname hebräischer Herkunft, Bedeutung ungeklärt; wahrscheinlich von dem hebräischen »mirjam« = Bitterkeit; oder widerspenstig; auch als männlicher Zweitvorname!

Mariam russische und bulgarische Form von Maria

Mariamne Bedeutung ungeklärt; wahrscheinlich von dem hebräischen »mirjam« = Bitterkeit; oder widerspenstig; vielleicht *aus dem Ägyptischen:* die von dem Gott Amon Geliebte

Mariana dänische Form von Marianne

Marianka slawische Koseform von Maria

Marianne auch Marianna; alter französischer Vorname; wahrscheinlich von Mariamne; später als Zusammensetzung aus Maria und Anne gedeutet

Marica spanische und ungarische Form von Maria

Mariel amerikanischer Doppelname aus Mary und Ellen

Mariella italienische Koseform von Maria

Marielle französische Koseform von Maria

Marieta spanische Nebenform von Maria

Marietta italienische Koseform von Maria

Mariette französische Verkleinerungsform von Maria

Marihuela spanische Form von Maria

Marija russische Form von Maria

Marijke niederländische Koseform von Maria

Marika schwedische und ungarische Form von Maria

Marilu italienischer Doppelname; zusammengesetzt aus Maria und Luisa

Marilyn englische Koseform von Mary

Marina italienische erweiterte Form von Maria; oder weibliche Form von Marinus

Marinella erweiterte Form und italienische Koseform von Marina

Marinette französische Verkleinerungsform von Marina

Marini *afrikanisch (swaheli):* frisch, gesund; oder schön, hübsch

Mariola italienische weibliche Form von Mario

Marion französische Form von Maria

Maris niederländische Koseform von Maria

Marisa italienische Koseform von Maria

Marischka ungarische Koseform von Maria

Marit schwedische Kurz- und Koseform von Margarethe

Marita spanische Koseform von Margarethe; auch Koseform von Maria

Maritta italienische Koseform von Maria; auch Kurzform von Margarethe

Mariyah arabische Form von Maria

Marja slawische und schwedische Nebenform von Maria

Marjorie auch Marjory; englische Formen von Margarethe

Marketta finnische Form von Margarethe

Martha auch Marthe; *hebräisch:* Herrin

Martina weibliche Form von Martin

Martine französische Form von Martina

Marula slawische Koseform von Maria

Maruschka slawische Koseform von Maria

Marusja Nebenform von Maruschka

Mary englische Form von Maria

M

Marya polnische Form von Maria
Maryla polnische Nebenform von Maria
Marylou englische Zusammensetzung aus Mary und Louise
Maryse französische Nebenform von Marisa
Maryvonne schweizerische Zusammensetzung aus Maria und Yvonne
Masago *japanisch:* Sand (Symbol für langes Leben)
Mascha auch Maschinka; russische Koseformen von Marija
Masika *afrikanisch (swaheli):* die während der Regenzeit Geborene
Mat auch Matty; englische Kurzformen von Martha; auch als männliche Vornamen!
Matana *hebräisch:* Gabe, Geschenk
Mathilde auch Mathilda; *aus dem Althochdeutschen:* Macht, Stärke und Kampf
Matilda italienische Form von Mathilde
Matrika *indisch-pakistanisch:* Mutter (einer der Namen der Hindu-Göttin Shakti)
Matsu *japanisch:* Kiefer
Mattea italienische Form von Matthäa
Matthäa weibliche Form von Matthäus
Maud englische Kurzform von Magdalena oder Mathilde
Maude französische Kurzform von Magdalena oder Mathilde
Maura *romanisch:* die Maurische, die Mohrin; oder irische Form von Maria
Maureen englische Verkleinerungsform (aus dem Irischen) von Mary oder Maura
Mauricette französische weibliche Verkleinerungsform von Maurice
Maurilia italienische erweiterte Form von Maura
Maurina italienische erweiterte Form von Maura
Maurizia weibliche Form von Maurizio
Mave auch Meave; englische Formen von Mab
Maxilie Kurzform von Maximilienne
Maximiliane *lateinisch:* die Größte
Maximilienne französische Form von Maximiliane
May englische Kurzform von Mary
Maya Nebenform von Maja; auch *indisch-pakistanisch:* Gottes Schöpfermacht
Maylea *hawaiisch:* Wildblume
Meara *aus dem Irisch-Gälischen:* Fröhlichkeit, Heiterkeit
Meda *indianisch:* Prophetin, Priesterin; oder essbare Wurzel
Medea *griechisch:* die Kluge
Medina arabischer Vorname nach der Stadt Medina
Medora englische Form von Medea
Meg englische Kurzform von Margarethe

Megan englische und irische Form von Margarethe
Meggy Nebenform von Maggy
Mela slawische Kurzform von Melanie; auch *indisch-pakistanisch:* religiöse Versammlung
Melanie *griechisch:* die Schwarze
Melek türkischer Vorname arabischer Herkunft: Engel
Melia spanische Kurzform von Amelia
Meliha weibliche Form von Melih
Melina *griechisch:* die von der Insel Melos Stammende
Melinda *romanisch:* Honigtrank; auch englische Nebenform von Malinda
Melisande alter deutscher Vorname; vom gotischen »Amalaswintha« (Gestalt einer Seejungfrau in einer alten französischen Sage)
Mélisande französische Form von Melisande
Memory *amerikanisch:* die Erinnerung
Menekse türkischer Vorname persischer Herkunft: Veilchen
Menora *hebräisch:* Leuchter
Mercedes *spanisch;* hervorgegangen aus dem Fest »Maria de mercede redemptionis captivorum« (Maria von der Gnade der Gefangenenerlösung)
Merdyce englische Nebenform von Mertice
Meredith *aus dem Altwalisischen:* große Führerin; auch als männlicher Vorname!
Meret schweizerische Kurzform von Emerentia
Merete dänische Kurzform von Margarethe
Merita schwedische Kurzform von Emerita oder Margarete
Merle französischer und amerikanischer Vorname lateinischer Herkunft: Amsel
Merlin *aus dem Walisischen:* Seehügel, Düne; auch als männlicher Vorname!
Mertice *aus dem Altenglischen:* berühmt und freundlich
Merve englische weibliche Form von Mervin
Meryem türkische Form von Maria
Meryl englische Kurzform von Mary Louise; auch englische Nebenform von Merle
Messina *lateinisch:* die mittlere Tochter
Mia amerikanischer Vorname; ursprünglich Koseform von Maria oder Michaela
Micaela italienische und spanische Form von Michaela
Micha Kurz- und Koseform von Michaela; auch als männlicher Vorname!
Michael *hebräisch:* wer ist wie Gott?; auch als männlicher Vorname!
Michaela *hebräisch:* wer ist wie Gott?
Michalina slawische Form von Michaela

M

Michela italienische Form von Michaela

Michèle französische Form von Michaela

Micheline erweiterte Form von Michèle

Michelle französische Form von Michaela

Michiko *japanisch:* die Rechtschaffene, die Gerechte

Midori *japanisch:* grün

Migina *indianisch:* zunehmender Mond

Mignet Nebenform von Mignon

Mignon französischer Vorname indogermanischer Herkunft; *aus dem Althochdeutschen:* lieben; oder *aus dem Französischen:* niedlich, zierlich

Miguela spanische und portugiesische Form von Michaela

Mihaéla ungarische Form von Michaela

Mihala slawische Form von Michaela

Mikaela skandinavische Form von Michaela

Mike Koseform von Maria; auch als männlicher Vorname!

Mila Kurzform von Emilia oder Ludmilla

Milana erweiterte Form von Mila; auch *slawisch:* die Liebliche

Mildred englische Form von Miltraud

Milena slawische Nebenform von Milana

Milka slawische Form von Emilia

Miloslawa weibliche Form von Miloslaw

Miltraud auch Miltrud; *aus dem Althochdeutschen:* gnädig und Kraft, Stärke

Milva italienischer Vorname; wahrscheinlich vom lateinischen »milvus« = Taubenfalke

Minal *indianisch:* Frucht

Minda *indisch-pakistanisch:* Wissen; oder Weisheit

Minerva *griechisch-lateinisch:* die Kluge

Minette französische und englische Koseform von Wilhelmine

Minja Kurzform von Wilhelmine und anderen Vornamen, die mit »-mina« zusammengesetzt sind; auch als männlicher Vorname!

Minka slawische Kurzform von Wilhelmine und anderen Vornamen, die mit »-mina« zusammengesetzt sind

Mintha *griechisch:* Pfefferminze

Mira Kurzform von Mirabella; auch *indisch-pakistanisch* (Mira Bai ist eine der wichtigsten Hindu-Heiligen)

Mirabella auch Mirabelle, Mirabell; *italienisch:* die Wunderbare, Schöne

Miranda englischer Vorname lateinischer Herkunft: die Wunderbare, Bewundernswerte

Mirande französische Form von Miranda

Mirandola italienische erweiterte Form von Miranda

Mireille französische Form von Mirella; oder *aus dem Lateinischen:* sich wundern
Mirella italienische Nebenform von Mirabella
Mireta auch Miretta; italienische Koseformen von Mira oder Mirabella
Mirja finnische Form von Maria
Mirjam auch Miriam; aramäisch-hebräische Form von Maria
Mirka tschechische weibliche Form von Mirko
Miroslawa weibliche Form von Miroslaw
Miwa *japanisch:* weitblickend
Miya *japanisch:* Tempel
Miyuki *japanisch:* tiefer Schnee
Moana *aus dem Bretonischen:* die Dünne; auch *hawaiisch:* Unendlichkeit der Meere
Moemu *indianisch:* Bärentreffen
Moibeal schottische Form von Mabel
Moira *griechisch:* Schicksal, Glück; auch *aus dem Irisch-Gälischen:* die Große
Moire irische und schottische Form von Maria; auch *aus dem Irisch-Gälischen:* die Große
Moireach schottische Form von Martha
Molly englische Koseform von Mary
Mona *irisch:* die Edle; auch Kurzform von Monika oder Ramona; auch italienische Kurzform von Madonna (alte Anrede für Frau)
Monca irische Form von Monika
Monika auch Monica; *lateinisch-griechisch:* die Einzige
Monique französische Form von Monika
Monja amerikanische Kurzform; *aus dem Griechischen:* die Harmonie
Morena weibliche Form von Moreno
Morgan englischer Vorname keltischer Herkunft: zum Meer gehörig, auf See geboren; oder groß und strahlend; auch als männlicher Vorname!
Morna englische Nebenform von Myrna
Moselle weibliche französische Form von Mose
Moyna englische Nebenform von Myrna
Mozelle englische Form von Moselle
Mu Lan *chinesisch:* Magnolienblüte
Muire irische und schottische Form von Maria
Muireall schottische Form von Muriel
Muirgheal irische Form von Muriel
Mulya *indianisch:* Eicheln vom Baum schütteln
Münevver türkischer Vorname arabischer Herkunft: die Erleuchtete, die Intelligente
Mura russische Kurzform von Marija; auch *japanisch:* Dorf
Muriel englischer Vorname keltischer Herkunft: die glänzende

See; auch *griechisch:* Myrrhe, bitter

Musidora *griechisch:* Geschenk der Musen

Myrna englischer Vorname keltisch-gälischer Herkunft: sanft

Nada südslawische Kurzform von Nadjeschda

Nadeschda Nebenform von Nadjeschda

Nadina auch Nadine; erweiterte Formen von Nadja; oder englische, französische und niederländische Formen von Nadjeschda

Nadinka ungarische Kurzform von Nadjeschda

Nadja auch Nadia; russische Kurz- und Koseformen von Nadjeschda

Nadjeschda *russisch:* Hoffnung

Naemi *hebräisch:* die Liebliche

Nafiye weibliche Form von Nafi

Nahtanha *indianisch:* Kornblume

Naja *grönländisch:* kleine Schwester

Nakia *amerikanisch;* Bedeutung ungeklärt

Nalani *hawaiisch:* die Ruhe der Himmel

Namika weibliche Form von Namik

Nan englische Kurzform von Anna

Nana französische Kurzform von Anna

Nancy englische Kurzform von Anna

Nanja russische Kurzform von Anastasia

Nanna Koseform von Amanda, Anna oder Johanna; auch nordischer Vorname; Name der Frau des Gottes Baldr

Nannette auch Nanette; französische Koseformen von Anna

Nanon französische und englische Form von Anna

Naomi englische Nebenform von Naemi

Nara *japanisch:* Eiche; auch *aus dem Altenglischen:* die Nächste

Nari *japanisch:* Donnerschlag

Nashota *indianisch:* Zwilling

Nasira weibliche Form von Nasir

Nastasja russische Kurzform von Anastasia

Nastjenka Nebenform von Nastasja

Nasya *hebräisch:* Wunder Gottes

Natalie auch Natalia; *lateinisch:* die am Weihnachtstag Geborene

Natalija russische Form von Natalie

Natascha russische Koseform von Natalija

Nathalie französische Form von Natalie

Navit *hebräisch:* schön; oder nett

Nediva *hebräisch:* edel; oder freigiebig

Neka *indianisch:* Wildgans

Nete auch Neta; schwedisch-dänische Kurz- und Koseformen von Agnes, Annette, Antoinette oder Jeannette

N

Netia *hebräisch:* Pflanze

Netis *indianisch:* gute Freundin; auch als männlicher Vorname!

Nevin türkischer Vorname persischer Herkunft: die Neue

Niabi *indianisch:* Kitz

Nico italienische Kurz- und Koseform von Nicola; auch als männlicher Vorname!

Nicola weibliche italienische Form von Nikolaus; auch als männlicher Vorname!

Nicole auch Nicolle, Nikole; französische weibliche Formen von Nikolaus

Nicoletta italienische Verkleinerungsform von Nicola

Nicolette französische Verkleinerungsform von Nicole

Nihal türkischer Vorname persischer Herkunft: Zweig, Spross

Nike *griechisch;* Name der Siegesgöttin

Nilüfer türkischer Vorname arabischer Herkunft: Seerose, Wasserlilie

Nina auch Nine; Kurzformen von Vornamen, die mit »-nina« oder »-nine« zusammengesetzt sind

Ninette italienische und französische Koseform von Nina

Ninina spanische Koseform von Marcellina

Ninja spanisch-portugiesische Form von Nina

Ninon französische Form von Nina

Niowi ursprünglich griechischer Vorname: fruchtbare Mutter

Nirveli *indisch-pakistanisch:* Wasser; oder Kind des Wassers

Nishi *japanisch:* Westen

Nita schwedische und dänische Kurzform von Anita und anderen Vornamen, die mit »-ita« zusammengesetzt sind

Nituna *indianisch:* meine Tochter

Nives *italienisch-schweizerisch:* die Schneeweiße

Nizana *hebräisch:* Knospe

Noelani *hawaiisch:* die Schöne vom Himmel

Noëlle französische weibliche Form von Noël

Nokomis *indianisch:* Großmutter

Nolcha *indianisch:* Sonne

Nona englischer und schwedischer Vorname lateinischer Herkunft: die Neunte

Nonie englische Koseform von Nona

Nonna schwedische Kurzform von Eleonora oder Yvonne

Nora Kurzform von Eleonora

Noreen irische Koseform von Nora

Norina italienische erweiterte Form von Nora

Norma englischer Vorname lateinischer Herkunft: Richtschnur, Regel

Notaku *indianisch:* brummender Bär

Nour *arabisch:* Licht

Nuala *aus dem Irisch-Gälischen:* die Weißschultrige

Nuri *hebräisch:* Feuer; auch als männlicher Vorname!

N

O

Nuria spanisch; abgeleitet vom Namen des Muttergottesbildes »Unsere Frau von Nuria«; auch *hebräisch:* Feuer Gottes; auch *arabisch:* Zigeunerin; auch als männlicher Vorname!

Nutan *indisch-pakistanisch:* neu

Octavia weibliche Form von Octavius; auch *lateinisch:* das achte Kind

Octavie französische Form von Octavia

Oda Kurzform von Vornamen, die mit »Ot-« oder »Od-« zusammengesetzt sind

Odeda *hebräisch:* stark

Odette französische erweiterte Form von Oda; auch französische Verkleinerungsform von Odile

Odile französische Form von Odilia

Odilia Nebenform von Ottilie

Ofilia auch Ofelia; englische Formen von Ophelia

Ofira *hebräisch:* Gold

Ogin *indianisch:* Wildrose

Okelani *hawaiisch:* die aus dem Himmel

Oki *japanisch:* inmitten des Ozeans

Olathe *indianisch:* schön

Olcay türkischer Vorname arabischer Herkunft: Glück; auch als männlicher Vorname!

Olena russischer Vorname griechischer Herkunft: Licht

Olga russischer Vorname; geht auf Helga zurück

Olguscha russische Koseform von Olga

Oliana *hawaiisch:* Oleander

Olisa *afrikanisch:* Gott

Oliva italienische Form von Olivia

Olive französische und englische Form von Olivia

Olivia *lateinisch:* der Ölbaum

Olofa weibliche Form von Olof

Ona auch Oneka; *baskisch:* die Gute, die mit Glück und Wohlstand Gesegnete; Ona auch *lateinisch und irisch-gälisch:* Einheit

Onawa *indianisch:* die Hellwache

Onida *indianisch:* die Ersehnte

Onoria italienische weibliche Form von Onorio

Onorina erweiterte Form von Onoria

Oona irische Form von Ona

Oonagh irische Form von Ona

Ophelia *griechisch:* Schlange (im Griechischen Symbol der Weisheit); oder Hilfe

Ophélie französische Form von Ophelia

Oprah englische Form von Ophelia

Oralie englische Form von Aurelia

Orane französische Form von Orania

Orania Nebenform von Urania

Orenda *indianisch:* magische Mächte

Orella baskische Form von Aurelia

Oriana englische Form von Orania

Oriel englische Form von Aurelia

Orli *hebräisch:* mein Licht

Ornella italienische Form von Orania; oder vom italienischen »ornello« = Blüten- oder Manna-Esche

Orseline italienische Nebenform von Orsola

Orsina italienische Nebenform von Orsola

Orsola italienische Form von Ursula

Orsolya ungarische Form von Ursula

Ortrud *aus dem Althochdeutschen:* Speerspitze und Kraft, Stärke

Osane *baskisch:* die Hilfe Bringende, die Heilende

Osen *japanisch:* tausend (nach japanischer Überlieferung bringen runde Zahlen Glück)

Ostara von dem angelsächsischen »eastre«: die im Ostermonat Geborene

Ota Nebenform von Oda; auch als männlicher Vorname!

Ottavia italienische Form von Octavia

Ottilie auch Ottilia; *aus dem Althochdeutschen:* Besitz

Oxana ukrainische Nebenform von Xenia

Padma *indisch-pakistanisch:* Lotos

Page englische Kurzform von Margarethe; auch *griechisch:* Kind; auch *englisch und französisch:* junge Begleiterin; auch als männlicher Vorname!

Paka *afrikanisch (swaheli):* Kätzchen

Pakize türkischer Vorname persischer Herkunft: die Reine

Palila *hawaiisch:* Vogel

Paloma *spanisch:* Taube

Palmira weibliche Form von Palmiro

Pam englische Kurzform von Pamela

Pamela englischer Vorname griechischer Herkunft; wahrscheinlich: alles und Gesang

Pancha spanische Koseform von Franziska

Panja russische Kurzform verschiedener Vornamen, die mit »-nja« zusammengesetzt sind

Paola italienische Form von Paula

Papatya *türkisch:* Kamille

Pascale französische weibliche Form von Pascal

Pat Kurz- und Koseform von Patrizia; auch als männlicher Vorname!

Patrice französische Form von Patrizia; auch als männlicher Vorname!

Patrizia auch Patricia; *lateinisch:* die Patrizierin

Patsy englische Koseform von Patrizia; auch als männlicher Vorname!

Patty englische Koseform von Patrizia

Paula *lateinisch:* die Kleine

P

Paulette französische Koseform von Paula
Pavla slawische Form von Paula
Paye türkischer Vorname persischer Herkunft: Würde; auch als männlicher Vorname!
Pazia *hebräisch:* golden
Pearl angloamerikanischer Vorname lateinischer Herkunft: Perle
Peggy auch Peg; englische Koseform von Margarethe
Pelin *türkisch:* Wermutpflanze; auch als männlicher Vorname!
Pembe *türkisch:* rosafarben
Penda *afrikanisch (swaheli):* die Geliebte
Pepa spanische Lallform von Josepha; auch bayerische Kurzform von Josepha
Pepita spanische Lallform von Josepha
Peregrina weibliche Form von Peregrinus
Perette französische Form von Petra
Peri türkischer Vorname persischer Herkunft: Fee
Pernilla schwedisch-dänische Form von Petronella
Perry englische Kurzform von Peregrina; auch Kurzform von Pearl; auch als männlicher Vorname!
Pertev türkischer Vorname persischer Herkunft: Licht, Glanz; auch als männlicher Vorname!
Pervin türkischer Vorname persischer Herkunft: Siebengestirn
Petek türkischer Vorname persischer Herkunft: Honigwabe
Petra *griechisch:* die Felsenfeste
Petronella auch Petronelle; italienische Koseformen von Petronia
Petronia weibliche Form von Petronius
Petula englischer Vorname wahrscheinlich lateinischer Herkunft: mutwillig, kess, leichtfertig
Phebe englische Form von Phöbe
Philippe englische Koseform von Philippa; auch als männlicher Vorname!
Philippa *griechisch:* die Pferdefreundin
Phillis englische Form von Phyllis
Philomena auch Philomene; *griechisch:* die Geliebte
Phöbe *griechisch:* die Leuchtende
Phyllis *griechisch:* Blätterhaufen, Belaubung
Piera weibliche Form von Piero
Pierangela italienischer Doppelname; zusammengesetzt aus Piera und Angela
Pierina italienische erweiterte Form von Piera
Pierrette französische Verkleinerungsform von Perette
Pierrine französische Verkleinerungsform von Perette
Pikka lappländische Form von Brigitte
Pilar *spanisch:* Pfeiler, Säule; auch als männlicher Vorname!
Pililani *hawaiisch:* die dem Himmel Nahe

Pinar *türkisch:* Quelle; auch als männlicher Vorname!

Pinga *indisch-pakistanisch:* schwarz (anderer Name der Hindu-Göttin Shakti)

Piper *aus dem Altenglischen:* Flötenspielerin

Pippa italienische Koseform von Philippa

Piraye türkischer Vorname persischer Herkunft: Zier, Schmuck

Pirkko finnische Form von Brigitte

Piroschka auch Piroska; ungarische Nebenformen von Prisca

Pita *afrikanisch:* die viertgeborene Tochter

Placida weibliche Form von Placidus

Placidia italienische Nebenform von Placida

Pninah *hebräisch:* Perle; oder Koralle

Pola italienische und slawische Form von Paula

Polly englische Koseform von Apollonia oder Leopoldine

Polyxenia *griechisch:* viel und gastfreundlich

Poni *afrikanisch:* zweitgeborene Tochter

Prassede italienische Form von Praxedis

Praxedis *griechisch:* die Wohltätige

Prisca *lateinisch:* alt, ehrwürdig

Priska tschechische Form von Prisca

Prudence französische Form von Prudentia

Prudentia *lateinisch:* die Klugheit, Besonnenheit

Pualani *hawaiisch:* himmlische Blume

Qamar *arabisch:* Mond

Qitura *arabisch:* Duft

Queena *aus dem Altenglischen:* Königin

Queenie englische Koseform von Queena

Querida *spanisch:* die Geliebte

Quintina weibliche Form von Quintin

Quiterie französischer Vorname lateinischer Herkunft: ruhig, friedlich

Rabea vermutlich von dem hebräischen »rabja« = ein Mädchen

Rabi *arabisch:* Frühling

Rabia arabische Nebenform von Rabi

Rachel Nebenform und englische und französische Form von Rahel

Rachil russische Form von Rahel

Radka slawische weibliche Form von Radek

Radmilla weibliche Form von Radomil

Radomila weibliche Form von Radomil

Raffaella italienische Form von Raphaela

R

Ragna nordische Kurzform von Vornamen, die mit »Ragin-« zusammengesetzt sind, z.B. Ragnhild

Ragnhild nordische Form von Reinhild

Rahel *hebräisch:* Lamm, Schaf

Raja *russisch:* Paradies; auch Kurzform von Rahel

Raku *japanisch:* Freude, Vergnügen

Ramiye weibliche Form von Rami

Ramona spanische weibliche Form von Ramón

Rana türkischer Vorname arabischer Herkunft: lieblich, schön

Randi nordische Kurzform von Ragnhild; auch englische Koseform von Miranda; auch als männlicher Vorname!

Randy englische Koseform von Miranda; auch als männlicher Vorname!

Ranee auch Rania; englische Formen von Rani

Rani *indisch-pakistanisch:* Königin

Ranita *hebräisch:* Lied; oder Glück

Ranka weibliche Form von Ranko

Raoghnailt schottische Form von Rahel

Raphaela *hebräisch:* Gott heilt

Raquel spanische Form von Rahel

Rashida weibliche Form von Rashid

Rasine weibliche Form von Rasin

Ratri *indisch-pakistanisch:* Nacht (anderer Name der Hindu-Göttin Shakti)

Rebekka auch Rebecca; *hebräisch:* wahrscheinlich die Bestrickende, die Fesselnde

Reem *arabisch:* weiße Antilope

Refika weibliche Form von Refik

Regan *aus dem Irisch-Gälischen:* die von dem kleinen König Abstammende; auch als männlicher Vorname!

Regel schweizerische Kurzform von Regula

Regina auch Regine; *lateinisch:* die Königin

Régine französische Form von Regina

Regula *lateinisch:* die Norm, der Maßstab; vielleicht ursprünglich zu dem althochdeutschen »regin« = Rat, Beschluss

Reikhild niederländische und friesische Form von Richhild

Reinhild auch Reinhilde; *aus dem Althochdeutschen:* Rat, Beschluss und Kampf

Reja Kurzform von Awreja

Rejana *russisch;* wahrscheinlich erweiterte Form von Reja

Reka *hebräisch:* weich, zart; auch friesische Kurzform von Vornamen, die mit dem althochdeutschen »red-« (Rat, Ratgeber) zusammengesetzt sind

Rella ungarische Kurzform von Aurelia

Ren *japanisch:* Lotos

Renate auch Renata; *lateinisch:* die Wiedergeborene

Rendel Kurzform und englische Form von Reinhilde

Renée französische Form von Renate

Renette französische Koseform von Renée

Renja russische Kurzform von Regina; auch als männlicher Vorname!

Renza italienische Kurzform von Lorenza

Resmiye weibliche Form von Resmi

Rhonda *englisch;* ein Flussname

Rica italienische Kurzform von Riccarda oder anderen Vornamen, die mit »-rike« zusammengesetzt sind

Ricarda spanische Form von Richarda

Riccarda italienische Form von Richarda

Richarda *aus dem Althochdeutschen:* reich, mächtig und hart, stark, kühn

Richhild auch Richhilde, Richild; *aus dem Althochdeutschen:* reich, mächtig und Kampf

Rioghnach irische Form von Regina

Rita italienische Kurzform von Margarethe

Robby englische Koseform von Roberta; auch als männlicher Vorname!

Roberta weibliche Form von Robert

Robin englische Koseform von Robine; auch als männlicher Vorname!

Robine auch Robina; weibliche Formen von Robin

Rohana *indisch-pakistanisch:* Sandelholz

Rois auch Roise; irische Formen von Rosa

Romaine französische Form von Romana

Romana weibliche Form von Roman

Romika ungarische Form von Romana

Ronny englische Kurz- und Koseform von Veronika; oder englische weibliche Form von Ronald; auch als männlicher Vorname!

Rosa *lateinisch:* die Rose

Rosabella *italienisch:* schöne Rose

Rosalba *italienisch:* weiße Rose

Rosalia auch Rosalie; italienische erweiterte Formen von Rosa

Rosanna italienische Zusammensetzung aus Rosa und Anna oder Rosa und Marianne

Rosella italienische erweiterte Form von Rosa

Rosette auch Rosetta; französische und italienische Verkleinerungsformen von Rosa

Rosika ungarische Koseform von Rosa

Rosina *aus dem Lateinischen:* die Rosenfarbige

Rosita spanische Verkleinerungsform von Rosa

Rossana italienische Form von Roxana

Rowena englischer Vorname; viel-

R S

leicht aus dem altenglischen »hreod« = Ruhm und dem germanischen »wini« = Freund

Roxana auch Roxane; amerikanische Vornamen persischer Herkunft: die Glänzende, die Morgenröte

Roxanne Nebenform von Roxana

Rufina weibliche Form von Rufus

Ruhiye weibliche Form von Ruhi

Rune Kurzform von Vornamen, die mit »Run-« (vom althochdeutschen »runa« = Geheimnis, Zauber) zusammengesetzt sind; auch als männlicher Vorname!

Ruri *japanisch:* Smaragd

Rut skandinavische Form von Ruth

Ruth *hebräisch:* Freundin, Freundschaft

Rüya türkischer Vorname arabischer Herkunft: Vision

Sabina auch Sabine; *lateinisch:* die Sabinerin

Sabri *ägyptisch;* Bedeutung unbekannt; auch Kurzform von Sabrina; auch als männlicher Vorname!

Sabriye weibliche Form des türkischen männlichen Vornamens Sabri

Sabrina *aus dem Englischen:* Name einer Flussnymphe; auch *lateinisch:* die von der Grenzlinie

Sachi *japanisch:* Glück, Glückskind

Sad auch Sadie; amerikanische Kurzformen von Sarah

Sadhana *indisch-pakistanisch:* Hingabe, Eifer

Sadhbh auch Sadhbba; irische Formen von Sophie

Sadira *persisch:* Lotosbaum

Saffet türkische weibliche Form von Safi; auch als männlicher Vorname!

Safiye weibliche Form von Safi

Sagara *indisch-pakistanisch:* Ozean

Sahar *arabisch:* Morgendämmerung

Saida weibliche Form von Said

Saidhbhin irische Form von Sabina

Sakari *indisch-pakistanisch:* die Süße

Saki *japanisch:* Kap, Landspitze

Sakura *japanisch:* Kirschblüte

Salaidh schottische Form von Sarah

Salihe weibliche Form von Salih

Salka slawische Kurzform von Salwija

Sally auch Sallie; englische Koseformen von Sarah; auch als männliche Vornamen!

Saloma auch Salomi; englische Formen von Salome

Salome *hebräisch:* die Friedsame

Salwija slawischer Vorname lateinischer Herkunft: unversehrt

Sam englische Kurzform von Samantha oder Samuela; auch als männlicher Vorname!

Samantha amerikanischer Vorname hebräischer Herkunft: die Hörende, die Zuhörerin; auch *indianisch:* schöne Blume

Samira arabischer Vorname; ursprünglich die Unterhalterin

Sammy englische Koseform von Samantha oder Samuela; auch als männlicher Vorname!

Samuela englische weibliche Form von Samuel

Sandra italienische Kurzform von Alessandra

Sandy englische Koseform von Alexandra; auch als männlicher Vorname!

Sanja russische Kurzform von Alexandra; auch als männlicher Vorname!

Sanura *afrikanisch (swaheli):* die Katzengleiche

Sanuye *indianisch:* Wolke im Abendrot

Sanya *indisch-pakistanisch:* die am Samstag Geborene

Sapata *indianisch:* um einen Baum tanzender Bär

Sarah auch Sara; *hebräisch:* Fürstin, Herrin

Sarauniya *afrikanisch (nigerianisch):* Königin

Saril *türkisch:* der Klang fließenden Wassers

Sascha russische Kurzform von Alexandra, auch als männlicher Vorname!

Saskia *niederländisch:* die Sächsin

Satinka *indianisch:* Zaubertänzerin

Sato *japanisch:* Zucker

Sayo *japanisch:* die in der Nacht Geborene

Scarlett *amerikanisch:* scharlachrot; wahrscheinlicher weibliche Verkleinerungsform von Charles

Schirin *persisch:* die Süße

Schura russische Kurzform von Alexandra; auch als männlicher Vorname!

Sebastiane *griechisch:* die Ehrwürdige, Erhabene

Sébastienne französische Form von Sebastiane

Seda *armenisch:* Echo der Wälder

Sedania Ableitung von dem französischen Ortsnamen Sedan

Seki *japanisch:* groß; oder Stein

Selima *hebräisch:* friedlich

Selina auch Seline; englische Vornamen; nach Celina; auch zum griechischen »Selene« (Name der Mondgöttin)

Selma Kurzform von Anselma; auch arabisch-türkische Nebenform von Salome

Sema türkischer Vorname arabischer Herkunft: Himmelsgewölbe

Senni finnische Form von Eugenie

Seonaid schottische Form von Johanna

Sephora ursprünglich hebräischer Vorname: Schönheit

Serafine auch Serafina; italienische Nebenformen von Seraphine

Seraphine auch Seraphina; *hebräisch:* die Brennende, die Feurige

Serena italienische weibliche Form von Serenus

S

Shada *indianisch:* Pelikan

Shadia *arabisch:* Sängerin

Shandy *aus dem Altenglischen:* die kleine Ausgelassene; auch als männlicher Vorname!

Shannon *aus dem Irisch-Gälischen:* die kleine alte Weise; auch als männlicher Vorname!

Shari Koseform von Sharon

Sharon angloamerikanischer Vorname; wahrscheinlich nach einem biblischen Ortsnamen

Shauna amerikanische weibliche Form von Sean

Shawn moderne weibliche amerikanische Form von Sean; auch als männlicher Vorname!

Sheela auch Sheelah, Shayla; englische Nebenformen von Sheila

Sheila englische Form von Sile

Shera *aramäisch:* Licht

Sherry amerikanischer Vorname; Nebenform von Sharon, Sarah oder Shirley; oder nach dem französischen »chérie« = Liebling gebildet

Sheryl englische Koseform von Charlotte

Sheyla Nebenform von Sheila

Shika *japanisch:* Reh

Shina *japanisch:* die Gute, die Tugendhafte

Shirin englische Form von Schirin

Shirley englischer Vorname; ursprünglich Ortsname; *aus dem Altenglischen:* die von der hellen Lichtung

Shizu *japanisch:* still; oder rein

Shumana *indianisch:* Klapperschlangen-Mädchen

Sibeal irische Form von Sibylle

Sibyl englische Form von Sibylle

Sibylle auch Sibylla; Vornamen griechischer Herkunft: die Prophetin, die Seherin

Sidney englische Form von Sidonia; auch als männlicher Vorname!

Sidoine französische Form von Sidonia

Sidonia auch Sidonie; *lateinisch:* die Frau aus Sidon

Sigga nordische Kurzform von Sigrid

Sigismonda weibliche Form von Sigismondo

Signe nordischer Vorname; ursprünglich *aus dem Althochdeutschen:* Sieg

Sigrid *aus dem Althochdeutschen:* Sieg und schön

Sigune Kurzform von Vornamen, die mit »Sieg-« zusammengesetzt sind; oder *aus dem Altisländischen:* Sieg und Welle, Flut

Sihu *indianisch:* Blume; oder Strauch

Siko *afrikanisch:* die Schreiende

Sile irische Kurzform von Cäcilie

Sileas schottische Form von Cäcilie oder Julia

Silja finnische und schwedische Dialektform von Cäcilie

Silke auch Silka, Sylke; schwedische und niederdeutsche Kurzformen von Cäcilie

Silva schwedische und tschechische verkürzte Form von Silvia
Silvana italienische weibliche Form von Silvano
Silvetta italienische Form von Silvia
Silvette französische Form von Silvia
Silvia auch Sylvia; vom lateinischen »silva« = Wald
Silvie französische Form von Silvia
Simona italienische weibliche Form von Simon
Simone französische weibliche Form von Simon; auch als männlicher Vorname!
Simonetta italienische Koseform von Simona
Simonette französische Koseform von Simone
Sina Kurzform von Vornamen, die mit »-sina« zusammengesetzt sind, z.B. Rosina
Sinah englische Form von Sina
Sinead irische Form von Johanna; auch als männlicher Vorname!
Sinikka *finnisch;* von »sini« = blau
Siobhan *aus dem Irisch-Gälischen:* die Bewundernswerte (irische Form von Judith)
Sira italienische Kurzform von Sirena
Sirena italienischer Vorname griechischer Herkunft: singende Meerjungfrau
Siri schwedische Kurzform von Sigrid
Sirid schwedische Form von Sigrid
Sirii finnische Form von Sigrid
Sirin Nebenform von Sirii
Sirkka *finnisch:* Spross, Keimblatt
Sisile irische Form von Cäcilie
Siska schwedische Kurzform von Franziska
Sissa auch Sissi; schwedische Kurzformen von Cäcilie
Sissy kindersprachliche Lallform von Elisabeth; auch amerikanische Koseform von »sister« = Schwester
Siti *afrikanisch (swaheli):* Dame
Siusan schottische Form von Susanne
Siw auch Sif, Siv; *nordisch:* Verwandte, Braut, Ehefrau; auch Kurzformen von Elisabeth
Slavka slawische Kurzform von Vornamen, die mit »-slava« = Ruhm, Ehre zusammengesetzt sind
Solange französischer Vorname griechischer Herkunft: feierlich, festlich
Soley *isländisch;* Soley ist ein Blumenname, entspricht Hahnenfuß
Solveig *norwegisch:* Haus, Saal und Kampf
Sondra amerikanischer Vorname; wahrscheinlich von Alexandra abgeleitet
Sonja russische Koseform von Sophie
Sook *koreanisch:* Reinheit
Sophie auch Sophia; *griechisch:* die Weisheit

S

Sophy englische Form von Sophie
Sora *indianisch:* trillernder Singvogel
Soraya *arabisch:* wohl, gut und König, Reich
Sorcha schottische Form von Klara und irische Form von Sarah
Sorka auch Soroka; slawische Kurzformen von Seraphine
Sosanna irische Form von Susanne
Spela serbokroatische Kurzform von Elisabeth
Stana slawische Kurzform von Stanislawa
Stanislawa weibliche Form von Stanislaw
Stasja Kurzform von Stanislawa
Stefanida russische Form von Stefanie
Stefanie auch Stefania, Stephanie; *griechisch:* Krone, Kranz
Stella *lateinisch:* Stern
Stéphine französische Form von Stefanie
Su englische Kurzform von Susanne
Sue englische Kurzform von Susanne
Sugi *japanisch:* Zeder
Sukoji *afrikanisch:* erstgeborene Tochter nach einem Sohn
Sula *isländisch:* Tölpel (großer Seevogel)
Sulamith *hebräisch:* die Friedliche
Suleika *arabisch:* die Verführerin
Suletu *indianisch:* fliegen wie ein Vogel

Sultana *rumänisch;* abgeleitet vom türkischen Titel Sultan
Sumati *indisch-pakistanisch:* Einheit
Sumi *japanisch:* rein
Summer *englisch:* Sommer
Sunny *englisch:* heiter, fröhlich; auch als männlicher Vorname!
Surata *indisch-pakistanisch:* gutes Schicksal
Susa italienische Kurzform von Susanne
Susan englische Form von Susanne
Susanka slawische Kurzform von Susanne
Susanne auch Susanna; *hebräisch:* die Lilie
Susen schwedische Form von Susanne
Susette auch Suzette; französische Koseformen von Susanne
Suzan *arabisch und türkisch:* brennend, verzehrend; auch englische Kurzform von Susanne
Suzanne französische und englische Form von Susanne
Suzu *japanisch:* Glöckchen
Suzy auch Suzie; englische Koseformen von Susan
Svea schwedischer Vorname; Personifizierung Schwedens
Svenja weibliche Form von Sven
Svetlana Nebenform von Swetlana
Swetlana *russisch:* hell
Sybil englische Form von Sibylle
Sylvaine französische weibliche Form von Silvan
Sylvana Nebenform von Silvana

Sylvi schwedische Nebenform von Silvia
Syrina wahrscheinlich erweiterte Form von Sirin

Tabby auch Tabbi, Tabbie; englische Koseformen von Tabitha
Tabea Nebenform von Tabitha
Tabitha *hebräisch:* die Gazelle
Tahire weibliche Form von Tahir
Taibe weibliche Form von Taip
Taima *indianisch:* Donnerhall
Taipa *indianisch:* fliegende Wachtel
Taka *japanisch:* ehrenwert; oder groß; oder Falke
Takara *japanisch:* Schatz
Takenya *indianisch:* zustoßender Falke
Taki *japanisch:* Wasserfall
Takuhi *armenisch:* Königin
Tala *indianisch:* Wolf
Talesia baskische Form von Adelheid
Talibe türkischer Vorname arabischer Herkunft: Schülerin
Talitha *aramäisch:* Mädchen
Tallulah *indianisch:* sprudelnde Quelle, fließendes Wasser
Tally auch Tallie; englische Koseformen von Tallulah
Tamaki *japanisch:* Armreif
Tamara russischer Vorname; aus dem hebräischen »tamar« = Palme
Tammy auch Tammie; englische Koseformen von Tamara oder englische weibliche Koseform von Thomas; auch als männlicher Vorname!
Tangerine *englisch:* Mädchen aus Tanger (Stadt in Marokko)
Tani *japanisch:* Tal; auch als männlicher Vorname!
Tania romanisierte Nebenform von Tanja
Tanisha *amerikanisch;* Vorname auf einen Tagesnamen aus der Haussa-Sprache bezogen; in der Regel für am Montag geborene Mädchen
Tanja russische Kurz- und Koseformen von Tatjana
Tanjura russische Kurzform von Tatjana
Tao *chinesisch:* Pfirsich (Symbol für langes Leben)
Tara *aus dem Irisch-Gälischen:* felsiger Gipfel oder Felsspitze
Tasha englische Kurzform von Natascha
Tasida *indianisch:* Reiterin; auch als männlicher Vorname!
Tasja russische Kurzform von Anastasia
Tata russische Kurzform von Tatjana
Tatjana russischer Vorname; vermutlich vom lateinischen »Tatianus« = Name eines Sabinerkönigs
Tatsu *japanisch:* Drache
Tatum amerikanischer Vorname vermutlich mittelenglischer Herkunft: die anderen Zujubelnde

T

Tavy auch Tavie; englische Koseformen von Octavia

Tawia *afrikanisch:* die nach Zwillingen Geborene; auch polnische Koseform von Octavia

Tayyibe weibliche Form von Tayyip

Telka auch Telca; englische Nebenformen von Thekla

Teodora italienische Form von Theodora

Teresa englische, italienische und spanische Form von Therese

Térèse französische Form von Therese

Terezie tschechische Form von Therese

Terka ungarische Form von Therese

Terry amerikanische und englische Kurz- und Koseform von Therese; auch als männlicher Vorname!

Tessa auch Tess, Tessie; englische Kurzformen von Therese; auch *griechisch:* viertes Kind

Tetsu *japanisch:* Stahl (nach manchen japanischen Überlieferungen hat Metall eine Schutzfunktion)

Tevfika weibliche Form von Tevfik

Thaddäa weibliche Form von Thaddäus

Thaddée französische Form von Thaddäa

Thanh *vietnamesisch:* strahlend, leuchtend

Thao *vietnamesisch:* Höflichkeit; oder die ihren Eltern Gehorchende

Thekla *griechisch:* Gott und guter Ruf, Ruhm, Ehre

Thema *afrikanisch:* Königin

Theodora auch Theodore; *griechisch:* Geschenk Gottes

Thérès französische Form von Therese

Therese auch Theresa, Theres, Theresia; *griechisch:* die Frau von der Insel Thera

Thi *vietnamesisch:* Gedicht

Thora auch Tora; nordische Vornamen; Kurzformen von Vornamen, die mit »Thor-« (Name einer germanischen Gottheit) zusammengesetzt sind

Thuy *vietnamesisch:* sanft, freundlich

Thyra schwedischer Vorname; latinisierte Form eines altschwedischen Namens, gebildet aus: Thor und Kampf

Tibby auch Tibbie; englische Koseformen von Tiberia

Tiberia *lateinisch:* die vom Fluss Tiber

Tiffany amerikanischer Vorname griechischer Herkunft: Erscheinung Gottes

Tina auch Tine, Tini; Kurz- und Koseformen von Vornamen, die mit »-tina« oder »-tine« zusammengesetzt sind

Tinette französische Koseform von Tina

Tinka Kurz- und Koseform von Katinka

Tirza *hebräisch:* Liebreiz

Tisa *afrikanisch (swaheli):* die Neuntgeborene

Titine französische Koseform von Christine

Tizia auch Titia; Kurzformen von Lätitia; auch italienische Kurzformen von Tiziana

Tiziana italienische weibliche Form von Titianus

Toby englische weibliche Koseform von Tobias; auch als männlicher Vorname!

Toireasa irische Form von Therese

Toma russische Kurzform von Tamara

Tomo *japanisch:* Wissen, Weisheit

Tonia italienische Kurzform von Antonia

Tonja russische Kurzform von Antonia

Tordis *nordisch;* zu Thor und dem altschwedischen »dis« = Göttin

Tori *japanisch:* Vogel

Torid zu Thor und dem altnordischen »fridhr« = Friede

Tosca *italienisch:* die Toskanerin

Tosja russische Kurzform von Antonina

Tove dänische Kurzform von Vornamen, die mit »Tore-« (Name einer germanischen Gottheit) zusammengesetzt sind; im Schwedischen auch als männlicher Vorname!

Tracy auch Tracie; englische Koseformen von Therese; Tracy auch als männlicher Vorname!

Treva *walisisch:* die Häusliche

Tressa englische Kurzform von Therese

Trinidad *spanisch:* Dreieinigkeit

Truc *vietnamesisch:* Wunsch

Tuesday *aus dem Altenglischen:* die am Dienstag Geborene

Tula *indisch-pakistanisch:* die im Zeichen der Waage Geborene

Tullia *aus dem Irisch-Gälischen:* die Friedliche, die Stille

Turid nordische Form von Torid

Tusa *indianisch:* Präriehund

Tusja russische Koseform von Natalija

Tuwa *indianisch:* Erde

Tuyen *vietnamesisch:* Engel

Tuyet *vietnamesisch:* Schnee

Tyne *aus dem Altenglischen:* Fluss

Tyra Nebenform von Thyra

Ubena *afrikanisch;* eigentlich Name eines Afrikadampfers, der 1945 Flüchtlinge aus der Danziger Bucht nach Kopenhagen brachte; Ubena wurde als Zweitname an Bord geborenen Mädchen gegeben

Ubeyde weibliche Form von Ubeyd

Ugur *türkisch:* gutes Vorzeichen, Omen; auch als männlicher Vorname!

Ulani *hawaiisch:* die Fröhliche, die Lustige

Ulfhild nordische Form von Wolfhild

Ulima *arabisch:* die Weise

Ulita russische Form von Julietta

Ulitta Nebenform von Ulita

U

V

Uljana russische Form von Juliane

Ulla Kurzform von Ursula

Ulla-Britt schwedische Zusammensetzung aus Ulla und Britt

Ulrika dänisch-schwedische weibliche Form von Ulrich

Ulvhild schwedische Nebenform von Ulfhild

Ulviye weibliche Form von Ulvi

Uma *indisch-pakistanisch:* Mutter (anderer Name der Hindu-Göttin Shakti)

Umay *türkisch:* Hoffnung

Umeko *japanisch:* Kind der Pflaumenblüte

Ümit türkischer Vorname persischer Herkunft: Hoffnung, Erwartung; auch als männlicher Vorname!

Ümran türkischer Vorname arabischer Herkunft: Blüte, Kultur; auch als männlicher Vorname!

Una englischer Vorname; Bedeutung ungeklärt; vielleicht vom lateinischen »una« = die Einzige; oder *indianisch:* Gedächtnis, Erinnerung

Urania *griechisch:* Himmel

Urd auch Urda; schwedische Vornamen; altnordische Namen einer germanischen Schicksalsgöttin

Urmina niederländische Nebenfom von Hermine

Ursola spanische Form von Ursula

Ursula *lateinisch:* die kleine Bärin

Ursule französische Form von Ursula

Urte vermutlich litauische Kurzform eines aus dem Deutschen übernommenen Namens, z.B. Ortrud; auch baltische Kurzform von Dorothea; auch baskische Form von Ruth

Utina *indianisch:* Frau meines Landes

Uysal *türkisch:* fügsam, friedliebend

Vahdet türkischer Vorname arabischer Herkunft: Einheit, Geschlossenheit; auch als männlicher Vorname!

Valborg nordische Form von Walburg

Valenta auch Valentia; weibliche Formen von Valente

Valeriane erweiterte Form von Valerie

Valerie auch Valeria; *lateinisch:* aus dem Geschlecht der Valerier; auch gesund, kräftig

Valerija russische Form von Valerie

Valeska polnische Form von Valerie

Vanda italienische und schwedische Form von Wanda

Vanessa englischer Vorname; eigentlich Name einer Schmetterlingsgattung; oder gebildet von J. Swift in seinem Gedicht »Cadenus und Vanessa«

Vania romanische Form von Vanja

Vanja slawischer Vorname; Bedeutung ungeklärt; in Schweden als weibliche Form von Ivan aufgefasst; auch als männlicher Vorname!

Vanna italienische Kurzform von Giovanna

Varinka slawische Koseform von Warwara

Vasfiye weibliche Form von Vasfi

Vashti *persisch:* die Schöne

Vaubourg französische Form von Walburg

Vecihe weibliche Form von Vecih

Vefika weibliche Form von Vefik

Vega *aus dem Arabischen:* die Untergehende; auf den untergehenden Stern Wega bezogen

Velvet *englisch:* die Samtene

Velvor auch Velvina; amerikanische Formen von Velvet

Venetia *lateinisch:* aus Venetien (Venedig) stammend

Vera auch Wera; *russisch:* der Glaube

Verena *vielleicht aus dem Lateinischen:* die Zurückhaltende, sich Scheuende

Vérène französische Form von Verena

Verna weibliche Form von Verner

Veronika *griechisch:* die Siegbringende

Véronique französische Form von Veronika

Veruschka russische Koseform von Vera

Vesta *lateinisch:* Herd; in der Bedeutung die Wohnende, die Verweilende

Vibeke dänische Form von Wibke

Vicki englische Koseform von Viktoria

Victorine französische Form von Viktoria

Vida englische Kurzform von Davida; auch als männlicher Vorname!

Vidette englische erweiterte Form von Vida

Vidonia *portugiesisch:* Weinrebe

Viktoria auch Victoria; *lateinisch;* Name der Siegesgöttin

Viliana *russisch;* nach den Initialen Vladimir Lenins

Vilja *ungarisch;* ursprünglich finnischer Frauenname: Reichtum, Güte

Vilma ungarische und litauische Form von Wilma

Viña *spanisch:* die vom Weinberg Stammende

Vineta bulgarische Nebenform von Venetia

Viola *lateinisch:* Veilchen

Violet englische Form von Viola

Violetta italienische Verkleinerungsform von Viola

Violette französische Verkleinerungsform von Viola

Visolela *afrikanisch:* die Realität ist begrenzt, Träume und Hoffnungen kennen keine Grenzen

Vittoria italienische Form von Viktoria

Viv englische Kurzform von Viviane

Viveka schwedische Nebenform von Vivica

Vivian auch Viviane, Viviana; *latei-*

nisch: die Lebensvolle; Vivian auch als männlicher Vorname!

Vivica schwedische Form von Vibeke

Vivien englische Form von Viviane; auch als männlicher Vorname!

Vivienne französische Form von Viviane

Vladislavka polnische weibliche Form von Wladimir

Vlaska polnische Nebenform von Valeska

Vonny auch Vonnie; englische Koseformen von Veronika

Wakanda *indianisch:* Zaubermacht

Walber estnische Form von Walburg

Walburg auch Walburga; *aus dem Althochdeutschen:* walten, herrschen und Schutz

Wallis *aus dem Altenglischen:* die aus Wales Stammende; auch als männlicher Vorname!

Wally auch Wallie, Walli; Kurzformen von Vornamen, die mit »Wal-« zusammengesetzt sind, z.B. Walburg; auch englische Koseformen von Wallis; Wally und Walli auch als männliche Vornamen!

Walpora wendische Form von Walburg

Wanda *slawisch:* die Wendin, die Sorbenfrau

Wandula Nebenform von Wanda

Wanja andere Form des weiblichen Vornamens Vanja; auch als männlicher Vorname!

Warenka russische Koseform von Barbara

Warja russische Kurzform von Barbara

Warwara russische Form von Barbara

Washi *japanisch:* Adler

Wencke norwegischer Vorname; zu niederdeutsch Weneke

Wendy auch Wandi; englische Koseformen von Wanda

Weneke niederdeutsch-friesische weibliche Kurzform von Wenemar

Wenona Nebenform von Winona

Whitney *aus dem Altenglischen:* die von der weißen Insel; auch als männlicher Vorname!

Wibke auch Wiebke; friesische Kurzformen von Vornamen, die mit dem althochdeutschen »Wig-« = Kampf zusammengesetzt sind

Wieka Kurzform von Ludowika

Wilburg *aus dem Althochdeutschen:* Wille und Schutz, Zuflucht

Wilhelma *aus dem Althochdeutschen:* Wille und Helm

Wilhelmine auch Wilhelmina; erweiterte Formen von Wilhelma

Willa englische Kurzform von Wilhelmine

Willow *amerikanisch:* Weidenbaum

Wilma Kurzform und englische Form von Wilhelma oder Wilhelmine

Winda *afrikanisch (swaheli):* Jagd

Winema *indianisch:* weiblicher Häuptling

Winfrieda auch Winfriede; *aus dem Althochdeutschen:* Freundin und Friede

Winifred englischer Vorname keltischer Herkunft; auch angelehnt an Winfrieda

Winnie englische Kurzform von Winifred

Winona *indianisch:* erstgeborene Tochter

Wira *keltisch:* die Freundliche vom Kastell

Wolfhild auch Wolfhilde; *aus dem Althochdeutschen:* Wolf und Kampf

Wyanet *indianisch:* schön

Wynne *aus dem Altwalisischen:* blond, hell

Wyomia Nebenform von Winona

Xaviera englische weibliche Form von Xaver

Xenia *griechisch:* die Gastfreundliche; auch Nebenform von Polyxenia

Xenja Nebenform und russische Form von Axinja

Xiang *chinesisch:* duftend, angenehm

Xochil *mexikanisch:* Blume

Xylona *griechisch:* die aus dem Wald Stammende

Yachi *japanisch:* achttausend (nach japanischer Überlieferung bringen runde Zahlen Glück)

Yaluta *indianisch:* sprechende Frauen

Yamka *indianisch:* knospende Blumen

Yara Nebenform von Jara

Yarkona *hebräisch:* grün

Yasemin türkische Form von Jasmin

Yasiman indische Form von Jasmin

Yasmin auch Yasmina, Yasmine; Nebenformen von Jasmin

Yasu *japanisch:* die Ruhige, die Friedliche

Yedda *aus dem Altenglischen:* Sängerin

Yekta türkischer Vorname persischer Herkunft: einzigartig, einzig; auch als männlicher Vorname!

Yemina *hebräisch:* rechte Hand

Yenene *indianisch:* Zaubererin

Yeter *türkisch:* genügend, es genügt (kein weiteres Kind mehr); auch als männlicher Vorname!

Yetta *aus dem Altenglischen:* die Geberin; auch Nebenform von Yedda

Yevette englische Nebenform von Yvette

Ylva *nordisch:* Wölfin

Yoi *japanisch:* die am Abend Geborene

Yoki *indianisch:* Blauvogel

Yoko *japanisch:* Kind des Meeres

Yola Kurzform von Yolanda

Y

Yolanda auch Yolanthe, Jolanda, Jolanthe; *griechisch:* Veilchen
Yon *burmesisch:* Hase
Yori *japanisch:* die Vertrauenswürdige
Yuki *japanisch:* Schnee
Yümniyye weibliche Form von Yümnü
Yvette weibliche Form von Yves
Yvonne auch Ivonne; weibliche Formen von Yvo

Z

Zada *arabisch:* die Glückliche
Zahide weibliche Form von Zahit
Zahra *arabisch:* Blüte
Zain *arabisch:* hübsch, Schönheit
Zakire weibliche Form von Zakir
Zala weibliche Form von Zalo
Zalona erweiterte Form von Zala
Zaltana *indianisch:* hoher Berg
Zambak türkischer Vorname arabischer Herkunft: Königslilie
Zandra englische Koseform von Alexandra
Zara auch Zarah; Nebenformen von Sarah
Zarife weibliche Form von Zarif
Zarina bulgarische weibliche Form von Zarin
Zatiye weibliche Form von Zati
Zawadi *afrikanisch (swaheli):* Gabe, Geschenk
Zdenka tschechische Form von Sidonia
Zekiye weibliche Form von Zeki
Zelda englische Kurzform von Griselda
Zelma angloamerikanische Nebenform von Selma
Zenia englische Koseform von Xenia
Zenobia weibliche Form von Zenobio
Zenovia russische Form von Zenobia
Zerdali *türkisch:* wilde Aprikose
Zerrin türkischer Vorname arabischer Herkunft; wörtlich: goldfarben
Zhen *chinesisch:* Keuschheit, Schlichtheit
Zilia baskische Kurzform von Cäcilie
Zilvia englische Nebenform von Silvia
Zinnia englischer Vorname; nach dem Blumennamen Zinnie
Zippora *hebräisch:* Vogel
Zita *italienisch:* die Hurtige; auch Kurzform von Felizitas
Zitta Nebenform von Zita
Zoe *griechisch:* das Leben
Zofia polnische Form von Sophie
Zora *slawisch:* Morgenröte
Zorina auch Zorine; englische Formen von Zora
Zsa Zsa ungarische Form von Susanne
Zsuzsi ungarische Form von Susanne
Züdiye weibliche Form von Zühtü
Zuleika Nebenform von Suleika
Zuri *afrikanisch (swaheli):* schön

Jungennamen von
A bis Z

Aaron *hebräisch:* der Erleuchtete
Abbas *arabisch:* düster
Abdias *hebräisch:* Gottesknecht
Abdul *arabisch:* Diener
Abdül türkische Form von Abdul
Abdullah *arabisch:* Diener Gottes
Abe englische Koseform von Abraham
Abel *hebräisch:* der Hauch, die Vergänglichkeit
Abi Koseform von Abraham; auch *türkisch:* älterer Bruder
Abiona *afrikanisch (nigerianisch):* der während einer Reise Geborene; auch als weiblicher Vorname!
Abner *hebräisch:* Vater des Lichts
Abraham *hebräisch:* erhabener Vater; Vater der Menge
Abrahán spanische Form von Abraham
Abramo auch Abrahamo; italienische Formen von Abraham
Absalom *hebräisch:* Vater des Friedens
Achaz *hebräisch:* der Herr besitzt
Achill auch Achilles; *griechisch;* Bedeutung ungeklärt; vielleicht Herkunftsname zu Achilleion, einem Schloss auf Korfu
Achilleas neugriechische Form von Achill
Achmed auch Ahmed; *arabisch:* preiswürdig, lobenswert
Acke schwedische Form von Axel
Adair *aus dem Schottisch-Gälischen:* der von der Eichenwald-Furt
Adalbert auch Adelbert, Adelbrecht; *aus dem Althochdeutschen:* edel und glänzend
Adalberto italienische Form von Adalbert
Adalbrand auch Adelbrand, Aldebrand; *aus dem Althochdeutschen:* edel und Brand, Schwert
Adalmar *aus dem Althochdeutschen:* edel und berühmt
Adalhard *aus dem Althochdeutschen:* edel und stark
Adalwin *aus dem Althochdeutschen:* edel und Freund
Adam *hebräisch:* Mensch, der von der Erde Genommene
Adamo italienische Form von Adam
Adan spanische Form von Adam
Adao portugiesische Form von Adam
Adelmar Nebenform von Adalmar
Adlai *hebräisch:* mein Zeuge, meine Zier
Adolf *aus dem Althochdeutschen:* edel, vornehm und Wolf
Adolfo italienische und spanische Form von Adolf
Adolph englische Form von Adolf
Adolphe französische Form von Adolf
Adom *afrikanisch (ghanaisch):* Hilfe Gottes
Adonija *hebräisch:* Herr ist Jahwe (Gott)
Adri *indisch-pakistanisch:* Felsen (eine niedere Hindu-Gottheit)
Adriaan niederländische Form von Adrian

A

Adrian auch Adriaen; *aus dem Lateinischen:* der aus der Stadt Adria; Adrian auch als weiblicher Vorname!

Adrián spanische Form von Adrian

Adriano italienische Form von Adrian

Adriel *hebräisch:* von der Gemeinde Gottes; oder Gottes Erhabenheit

Adrien französische Form von Adrian

Afanassi auch Afanassij; russische Formen von Athanasius

Affonso portugiesische Form von Alfons

Ägid auch Ägidius; *griechisch:* der Schildhalter

Agnolo Nebenform von Angelo

Agostin spanische Form von August

Agostino italienische Form von August

Agu *afrikanisch (nigerianisch):* Leopard

Ahanu *indianisch:* der Lachende

Ahasver *hebräisch:* Hauptkönig, Großkönig, Löwenkönig

Ahdik *indianisch:* Karibu

Ahern *aus dem Irisch-Gälischen:* Besitzer vieler Pferde

Ahmet türkische Form von Achmed

Ahmik *indianisch:* Biber (Symbol für Geschicklichkeit)

Aidan *aus dem Irisch-Gälischen:* der kleine Feurige

Ailbert schottische Form von Adalbert

Ailfrid irische Form von Alfred

Aimé französische Form von Amatus

Aimo finnische Form von Achaz

Aindreas schottische und irische Form von Andreas

Akim russische und niederdeutsche Kurzform von Joachim

Akin *afrikanisch (nigerianisch):* heldenhaft, tapfer

Akron *afrikanisch:* der Neuntgeborene

Aksel dänische Form von Axel

Akule *indianisch:* er blickt auf (wahrscheinlich auf die erste Reaktion des Babys bezogen)

Al amerikanische Kurzform von Alfred

Alaaddin *arabisch:* die beste aller Religionen; in der Türkei gebräuchlicher Vorname

Aladar *slawisch:* Herrscher

Alain französische Form von Allan

Alajos ungarische Form von Alois

Alan Nebenform von Allan

Alani *hawaiisch:* Orange; oder Orangenbaum; auch als weiblicher Vorname!

Alard französische Form von Adalhard

Alasdair auch Alister; schottische Formen von Alexander

Alaula *hawaiisch:* Abendrot; auch als weiblicher Vorname!

Alberich *aus dem Althochdeutschen:* Elf, Naturgeist und reich, mächtig

Albert Kurzform von Adalbert

Alberto italienische Form von Albert
Aldo italienische Kurzform von Adalbrand
Aldous *englisch:* der aus dem alten Haus
Alec englische Kurzform von Alexander
Aleksandar serbokroatische Form von Alexander
Alekseij auch Alexei; russische Formen von Alexander
Alessandro italienische Form von Alexander
Alessio Kurzform von Alessandro
Alev *türkisch:* Flamme; auch als weiblicher Vorname!
Alex Kurzform von Alexander
Alexander *griechisch:* der Schützende, der Verteidiger
Alexandr russische Form von Alexander
Alexandre französische Form von Alexander
Alexandros neugriechische Form von Alexander
Alexej russische Form von Alexander
Alexis auch Alexius; *griechisch:* Hilfe, Abwehr; Kurzformen von Alexandros; Alexis auch als weiblicher Vorname!
Alfons *aus dem Althochdeutschen:* Kampf und bereit
Alfonso italienische Form von Alfons
Alfred *angelsächsisch:* Elf, Naturgeist und Rat, Ratgeber
Ali *arabisch:* der Erhabene; auch Kurzform von Vornamen, die mit »Al-« oder »Adel-« zusammengesetzt sind; auch als weiblicher Vorname!
Alick englische Kurzform von Alexander
Alik russische Kurzform von Alexander oder Albert
Alim *arabisch:* gebildet, weise
Alja russische Kurzform von verschiedenen Vornamen, z.B. Alexander; auch als weiblicher Vorname!
Aljoscha russische Koseform von Alexander
Allan englischer Vorname keltischer Herkunft; wahrscheinlich vom lateinischen »alanus« = Alane (Stamm zur Völkerwanderungszeit); oder *aus dem Irisch-Gälischen:* der Schöne, Fröhliche
Almeric englische Form von Amalrich
Aloin französische Form von Alwin
Alois auch Aloys, Aloisius; *aus dem Althochdeutschen:* sehr weise, klug
Aloisio italienische Form von Alois
Alon *hebräisch:* Eiche
Alonso spanische Form von Alfons
Aloyse französische Form von Alois
Alpaslan *türkisch:* mutiger Löwe
Alphonse französische Form von Alfons
Alsandair schottische Form von Alexander

A

Aluino spanische Form von Alwin
Alvar *schwedisch:* Elf, Naturgeist und Heer
Alvaro spanischer Vorname germanischer Herkunft: all, ganz und Hüter
Alwin Kurzform von Adalwin
Alwyn englische Form von Alwin
Amadeo italienische Form von Amadeus
Amadeus *lateinisch:* liebe Gott!
Amalrich *aus dem Althochdeutschen:* auf das ostgotische Königsgeschlecht der Amaler bezogen und reich, mächtig
Amalrik russische Form von Amalrich
Amar *indisch-pakistanisch:* unsterblich
Amasa *hebräisch:* Lastenträger
Amatus *lateinisch:* der Geliebte
Amaury französische Form von Amalrich
Ambrogio italienische Form von Ambrosius
Ambroise französische Form von Ambrosius
Ambrose englische Form von Ambrosius
Ambrosio italienische Form von Ambrosius
Ambrosius *griechisch:* der Unsterbliche, der Göttliche
Amédé französische Form von Amadeus
Amelios *griechisch:* der Sorgenfreie
Amerigo italienische Form von Amalrich
Amery englische Form von Emmerich
Amir *arabisch:* Prinz
Amon griechischer Name des ägyptischen Sonnengottes; oder *hebräisch:* geschickter Arbeiter
Amos *hebräisch:* der von Gott Getragene; oder der Beladene
An auch Anh; *vietnamesisch:* Friede; oder Sicherheit; auch als weiblicher Vorname!
Anand *indisch-pakistanisch:* Glück, Freude
Anastas *griechisch:* der Auferstandene
Anastasio italienische Form von Anastas
Anatol *griechisch:* der aus Anatolien, dem Land, in dem die Sonne aufgeht
Anatole französische Form von Anatol
Anatolij russische Form von Anatol
Anders skandinavische Form von Andreas
Andor ungarische Nebenform von András
András ungarische Form von Andreas
André französische Form von Andreas
Andreas *griechisch:* der Mannhafte
Andrees niederländische Form von Andreas
Andrej slawische Form von Andreas
Andrew englische Form von Andreas

Andro südslawische Kurzform von Andreas
Andrzej polnische Form von Andreas
Andy englische und ungarische Koseform von Andreas
Angelino italienische Verkleinerungsform von Angelo
Angelo italienische Form von Angelus
Angelus *griechisch-lateinisch:* der Bote Gottes, Engel
Aniweta *afrikanisch (nigerianisch):* der von Ani (Geist in der Ibo-Kultur) Gebrachte; auch als weiblicher Vorname!
Anjo bulgarische Koseform von Angelus
Annan *afrikanisch:* der Viertgeborene
Anno Kurzform von Vornamen, die mit dem althochdeutschen »arn-« = Adler zusammengesetzt sind; auch latinisierte Form von Hanno
Ansas litauische Form von Hans
Anscom *aus dem Altenglischen:* Bewohner des Tals des Ehrfurcht Gebietenden
Anselm auch Anshelm; *aus dem Althochdeutschen:* Gott und Helm
Anselmo spanische und portugiesische Form von Anselm
Antal ungarische Form von Anton
Ante slawische Kurzform von Anton
Antek slawische Koseform von Anton
Anthony englische Form von Anton
Antoine französische und moderne amerikanische Form von Anton
Anton auch Antonius; Name der altrömischen Familie Antonia
Antonello italienische Koseform von Anton
Antonín tschechische Form von Anton
Antonio italienische Form von Anton
Anwar *arabisch:* hell, leuchtend
Anwell *walisisch-keltisch:* Geliebter
Anwyl auch Anwyll; englische Formen von Anwell
Apostolos *neugriechisch:* Apostel
Araldo italienische Form von Harold
Aralt irische Form von Harold
Arcangelo *italienisch, griechisch-lateinisch:* Erzengel
Archibald englische Form von Erkenbald
Arduin auch Arduino; italienische Formen von Hartwin
Ari *hebräisch:* Löwe
Arian niederländische Form von Adrian
Aribert französische Form von Herbert
Arif *arabisch und türkisch:* gebildet
Arik Kurzform verschiedener russischer Vornamen
Arild dänische Form von Arnold
Aristid auch Aristide; französischer Vorname griechischer Herkunft: Vornehmster und Gestalt

A

Arlo *spanisch:* Berberitze
Armand französische Form von Hermann
Armando italienische Form von Hermann
Armas *finnisch:* anmutig, lieblich
Arnaldo italienische Form von Arnold
Arnaud französische Form von Arnold
Arne nordische Kurzform von Vornamen, die mit dem althochdeutschen »arn-« = Adler zusammengesetzt sind
Arnett *altfranzösisch-englisch:* kleiner Adler
Arniko ungarische Kurzform von Arnold
Arno Kurzform von Vornamen, die mit dem althochdeutschen »arn-« = Adler zusammengesetzt sind
Arnold *aus dem Althochdeutschen:* Adler und herrschen, walten
Arnoldo italienische Form von Arnold
Arnoul französische Form von Arnulf
Arnulf *aus dem Althochdeutschen:* Adler und Wolf
Aron Nebenform von Aaron
Arpad *ungarisch;* Name eines Madjarengroßfürsten
Arrigo italienische Form von Heinrich
Arslan *türkisch:* Löwe
Art amerikanische Kurzform von Artur
Artair schottische Form von Artur
Artur auch Arthur; *keltisch:* Stein; oder vornehm; oder Bär
Arturo italienische Form von Artur
Arwed auch Arvid; *skandinavisch:* Adler und weit oder Wald
Asa *hebräisch:* Arzt
Asbjörn *schwedisch:* Gott und Bär
Ashley *aus dem Altenglischen:* Bewohner der Eschenweide; auch als weiblicher Vorname!
Ashon *afrikanisch:* der Siebtgeborene
Athanasius *griechisch:* der Unsterbliche
Aubert französische Form von Adalbert
Aubry französische Kurzform von Oberon
August auch Augustus; *lateinisch:* der Erlauchte, Erhabene
Auguste französische Form von August
Augusto italienische Form von August
Aurel nach dem römischen Geschlechternamen Aurelius; zum lateinischen »aureolus« = golden
Aurèle französische Form von Aurel
Aurelio italienische Form von Aurel
Austin englische Form von August; auch als weiblicher Vorname!
Avery *aus dem Altenglischen:* Elfenführer; verwandt mit Alberich; auch als weiblicher Vorname!
Avi *hebräisch:* mein Vater; oder mein Gott
Avidan *hebräisch:* Gott ist gerecht

Axel dänisch-schwedische Kurzform von Absalom; auch durch Konsonantenumstellung entstandene Nebenform von Alex
Ayhan *türkisch:* Mond und Oberhaupt
Aziz *arabisch:* er liegt mir am Herzen
Azmi *arabisch und türkisch:* fest entschlossen, bestrebt
Azzo auch Ezzo; italienische Kurzformen von Adolf

Bado *nordisch:* Kämpfer
Balcer polnische Form von Balthasar
Baldewin *aus dem Althochdeutschen:* kühn und Freund
Baldovino italienische Form von Baldewin
Balduin niederdeutsche und niederländische Form von Baldewin
Baldur nordischer Gott des Lichtes
Baldwin englische Form von Baldewin
Balin *indisch-pakistanisch:* mächtiger Soldat
Balte niederländische Form von Balthasar
Balthasar *hebräisch:* Gott (Baal) beschütze sein Leben!
Bao *chinesisch:* Schatz; auch als weiblicher Vorname!
Baptist *griechisch:* Täufer
Baptiste französische Form von Baptist
Barnabas *aramäisch-hebräisch:* Sohn des Trostes
Barnabe englische Form von Barnabas
Barnabé französische Form von Barnabas
Barnaby englische Form von Barnabas
Barnes englische Form oder Kurzform von Barnabas
Barnebás spanische Form von Barnabas
Barnet mittelenglische Form von Bernhard
Barney auch Barny; englische Koseformen von Barnabas
Barromeo italienische Kurzform von Bartholomäus
Bartholomäus *aramäisch:* Sohn des Tolmai
Bartholomé französische Form von Bartholomäus
Bartholomew englische Form von Bartholomäus
Bartolomeo italienische und spanische Form von Bartholomäus
Bartosz ungarische Form von Bartholomäus
Baruch *hebräisch:* der Gesegnete
Basil englische Form von Basilius
Basilio italienische und spanische Form von Basilius
Basilius *griechisch:* König
Basko *russisch:* schön
Bassam *arabisch:* der Lächelnde
Bastian Kurzform von Sebastian
Bastien französische Form von Bastian

B

Batiste französische Form von Baptist

Battista italienische Form von Baptist

Baudouin französische Form von Baldewin

Baxter *aus dem Altenglischen:* Brotbäcker

Bay englische Koseform von Bayard; auch *vietnamesisch:* der Siebtgeborene (auch für einen am Samstag oder einen im Juli geborenen Sohn)

Bayard *aus dem Altenglischen:* rotbraunhaarig und mächtig

Beagan *aus dem Irisch-Gälischen:* der Kleine

Beau *aus dem Altfranzösischen:* ansehnlich, nobel

Beaven auch Beavan, Beven; englische Formen von Bevan

Beda auch Bede; ungarische Kurzformen von Benedikt

Bedrich tschechische Form von Friedrich

Beiardo italienische Form von Bayard

Bekir *türkisch:* rein, unberührt

Béla ungarische Kurzform von Adalbert; oder Koseform zum ungarischen »bél« = Herz

Beltrán spanische Form von Bertram

Bem *afrikanisch (nigerianisch):* Friede

Ben *hebräisch:* der Sohn; auch Kurzform von Benjamin; auch friesische Kurzform von Bernhard

Benedek ungarische Form von Benedikt

Benedetto italienische Form von Benedikt

Bénédict französische Form von Benedikt

Benedicto spanische Form von Benedikt

Benedikt auch Benediktus; *lateinisch:* der Gesegnete

Bengt schwedische und dänische Form von Benedikt

Beniamino italienische Form von Benjamin

Benito spanische und italienische Kurzform von Benedikt

Benjamin *hebräisch:* Sohn der rechten (d.h. der glücklichen) Seite, Glückskind

Bennet auch Bennett; englische Kurzformen von Benedikt

Benny englische Kurz- und Koseform von Benjamin

Benoît französische Form von Benedikt

Bent dänische Form von Benedikt

Benvenuto *italienisch:* der Willkommene

Bernard englische und französische Form von Bernhard

Bernardo italienische Form von Bernhard

Bernat baskische Form von Bernhard

Bernát ungarische Form von Bernhard

Bernhard *aus dem Althochdeutschen:* Bär und stark

Bernie englische Kurzform von Bernhard
Bertil schwedische Kurzform von Bertilo
Bertilo alte Koseform von Vornamen, die mit »Bert-« zusammengesetzt sind
Bertram *aus dem Althochdeutschen:* glänzend und Rabe
Bertrand *aus dem Althochdeutschen:* glänzend und Schild; auch englische und französische Form von Bertram
Bertrando italienische Form von Bertram und Bertrand
Bevan *walisisch:* Sohn des Wohlgeborenen; oder Junge
Bibieno portugiesische Form von Vivian
Bill englische Kurzform von William; auch als weiblicher Vorname!
Billy englische Koseform von Bill
Birger *skandinavisch:* Helfer, Schützer
Birk alemannische Kurzform von Burkhard
Bjarne nordische Nebenform von Björn
Bjarni isländische Form von Björn
Björn *schwedisch:* Bär
Blaise französische Form von Blasius
Blake *aus dem Altenglischen:* blond und mit hellem Teint
Blasius wahrscheinlich nach dem griechischen »Basilios« = der Königliche
Blazek slawische Form von Blasius
Bo *dänisch und schwedisch:* der Sesshafte; auch *chinesisch:* wertvoll; auch als weiblicher Vorname!
Boas *hebräisch:* im Herrn ist Stärke
Bob englische Kurzform von Robert
Bobby englische Koseform von Robert; auch als weiblicher Vorname!
Bogdan *slawisch:* Gottesgeschenk
Bogislaw auch Boguslaw; *slawisch:* Gott und Ehre, Ruhm
Bogomir *slawisch:* Gott und Friede
Bogumil *slawisch:* Gott und lieb, angenehm
Bohumil tschechische Form von Bogumil
Bohumír tschechische Form von Bogomir
Bojan *slawisch:* Barde
Boleslaw *slawisch:* mehr und Ruhm, Ehre
Bonar *aus dem Altfranzösischen:* freundlich, gut
Börge Nebenform von Birger
Boris Kurzform von Borislaw
Borislaw *slawisch:* Kampf und Ruhm, Ehre
Borromäus nach dem Familiennamen der Borromäer; auch Nebenform von Bartholomäus
Borromeo italienische Form von Borromäus
Bosco italienische Kurzform von Burkhard

B

Boudewijn niederländische Form von Baldewin

Bour *afrikanisch:* Fels (Symbol für Stärke)

Bram niederländische und englische Kurzform von Abraham

Brand Kurzform von Brandolf oder Vornamen, die mit »-brand« zusammengesetzt sind

Brandolf *aus dem Althochdeutschen:* Brand, Schwert und Wolf

Branimir *slawisch:* Ruhm und Friede

Branislaw andere Form von Bronislaw

Branko Kurzform von Branislaw oder anderen Vornamen, die mit dem slawischen »bran-« = Ruhm zusammengesetzt sind

Brendan englischer Vorname irischer Herkunft; Bedeutung ungeklärt; vielleicht: tapferer, kühner junger Mann; oder kleiner Rabe

Brett *aus dem Keltischen:* Brite; auch als weiblicher Vorname!

Brian Vorname keltischer Herkunft: Hügel; oder Stärke, Tapferkeit

Briano italienische Form von Brian

Brior bretonische Form von Brian

Brisko slawische Koseform von Friedrich

Brock *aus dem Altenglischen:* Dachs

Brockie auch Brok, Broc; englische Koseformen von Brock

Broder *niederdeutsch-friesisch und skandinavisch:* Bruder

Brogio italienische Kurzform von Ambrogio

Bronislaw *slawisch:* Harnisch und Ruhm, Ehre

Brooke *aus dem Altenglischen:* der vom Bach; auch als weiblicher Vorname!

Brown englische Form von Bruno

Bruce englischer Vorname, nach dem anglonormannischen Geschlecht; oder aus dem altfranzösischen »bruis« = der aus dem Dickicht

Brunello männliche Form von Brunella

Bruno *aus dem Althochdeutschen:* braun; oder Bär

Brunone italienische Form von Bruno

Bryan englische Form von Brian

Buck *aus dem Altenglischen:* Hirsch

Bülent türkischer Vorname persischer Herkunft: groß, sehr hoch

Burdan *aus dem Altenglischen:* Bewohner des Burgbergs

Burhan türkischer Vorname arabischer Herkunft: der Führer

Burkhard auch Burghard; Burkhart; *aus dem Althochdeutschen:* Schutz, Zuflucht und hart, stark, kühn

Burt amerikanische Kurzform von Burkhard; oder Kurzform des Familiennamens Burton; oder Kurzform des Vornamens Burton

Burton *aus dem Altenglischen:* der aus der befestigten Stadt

Cäcilius *lateinisch:* der aus dem römischen Geschlecht der Caecilier
Caesar Beiname der altrömischen Familie der Julier
Cahil auch Kahil; *türkisch:* jung, unerfahren
Calogero italienischer Vorname griechischer Herkunft: schön
Calvin amerikanischer Vorname nach dem schweizerischen Reformator
Cam englische Koseform von Cameron oder Campbell; auch als weiblicher Vorname!
Cameron *aus dem Schottisch-Gälischen:* schiefe Nase; schottischer Clanname nach einem Spitznamen; auch als weiblicher Vorname!
Camille französische Form von Camillus
Camillo italienische Form von Camillus
Camillus auch Camill; *lateinisch:* der Ehrbahre
Camp englische Koseform von Campbell
Campbell *aus dem Schottisch-Gälischen:* schiefer Mund; schottischer Clanname nach einem Spitznamen
Can *türkisch:* Leben; auch als weiblicher Vorname!
Candide französische Form von Candidus
Candidus *lateinisch:* der Reine, Aufrichtige
Canice irische Form von Kenneth
Carey *aus dem Altwalisischen:* der bei den Burgen Wohnende; auch als weiblicher Vorname!
Carlo italienische Form von Karl
Carlos niederländische, spanische und portugiesische Form von Karl
Carlotto Koseform von Carlo
Carlton auch Carleton; englische Nebenformen von Charlton
Carol rumänische Form von Karl; auch als weiblicher Vorname!
Cary englische Kurzform von Carol; oder englische Form von Carey
Casey *aus dem Irisch-Gälischen:* tapfer, wachsam; oder englische Koseform von Kasimir; auch als weiblicher Vorname!
Cash englischer Vorname lateinischer Herkunft: der Eitle
Casimiro spanische Form von Kasimir
Cass englische Koseform von Cash oder Kaspar; auch als weiblicher Vorname!
Cecco italienische Kurzform von Francesco
Cecil englische Form von Cäcilius
Cedric englischer Vorname keltischer Herkunft; zu altenglisch »Cerdic«, dem Gründer des westsächsischen Königreichs
Célestin französische Form von Cölestin
Celestino italienische und spanische Form von Cölestin
Celio italienische Kurzform von Cölestin

C

Cemal türkischer Vorname arabischer Herkunft: Glanz, Schönheit

Cengiz türkischer Vorname; Lautvariante zu Dschingis, einem Teil des Titels eines mongolischen Stammesfürsten

César französische und spanische Form von Caesar

Cesare italienische Form von Caesar

Çetin *türkisch:* feurig, lebhaft

Chaim *hebräisch:* Leben

Cham *vietnamesisch:* Arbeiter

Charalambos *neugriechisch:* Überstrahlung mit Freude

Charles französische und englische Form von Karl

Charley auch Charly; englische Koseformen von Charles

Charlie englische Koseform von Charles; auch als weiblicher Vorname!

Charlton *aus dem Altenglischen:* der vom Anwesen des Charles

Chen *chinesisch:* groß

Ches auch Chet; englische Koseformen von Chester

Chester *aus dem Altenglischen:* der von der Armeefestung

Chi *afrikanisch (nigerianisch):* Gott

Chim *vietnamesisch:* Vogel

Chrestien französische Form von Christian

Chris (englische) Kurzform von Christian oder Christoph; auch als weiblicher Vorname!

Christen dänische Kurzform von Christian

Christer schwedische Kurzform von Christian

Christiaan niederländische Form von Christian

Christian *griechisch-lateinisch:* der Christ

Christiern dänische Form von Christian

Christo bulgarische Kurzform von Christoph

Christoff italienische Form von Christoph

Christoffer dänische Form von Christoph

Christoforo italienische Form von Christoph

Christoph auch Cristof; *griechisch:* Christusträger

Christophe französische Form von Christoph

Christopher englische Form von Christoph; auch deutsche Nebenform von Christoph

Chrysanth auch Chrysanthus; *griechisch:* Gold und Blume; Goldblume

Cipriani spanische Form von Cyprian

Ciril spanische Form von Cyrill

Ciro spanische Form von Cyrus

Clark amerikanischer Vorname lateinischer Herkunft: Geistlicher, gebildeter Mann

Claude französische Form von Claudius; auch als weiblicher Vorname!

Claudio italienische Form von Claudius

Claudius auch Klaudius; römischer Sippenname
Clemens Nebenform und niederländische Form von Klemens
Clement englische Form von Klemens
Clément französische Form von Klemens
Clemente italienische und spanische Form von Klemens
Cliff Kurzform von Clifford
Clifford englischer Vorname; ursprünglich Beiname nach dem Herkunftsort; der von der Furt am Felsriff
Clint englische Kurzform von Clinton
Clinton *aus dem Altenglischen:* der aus der Stadt an der Landspitze
Clive englischer Vorname; nach dem Familiennamen von Robert Clive, dem Begründer der britischen Herrschaft in Ostinien im 18. Jahrhundert; *aus dem Altenglischen:* der vom Kliff
Clodoveo spanische Form von Klodwig
Clyde *aus dem Walisischen:* warm; oder *aus dem Schottisch-Gälischen:* Felserhebung
Colas französische Kurzform von Nicolas
Cölestin *lateinisch:* himmlisch, zum Himmel gehörig
Colin englische und französische Koseform von Nikolaus; ursprünglich englische Kurzform des irischen »Coilin« = Welpe
Colombo italienische Form von Columbus
Colón spanische Form von Columbus
Columbus *lateinisch:* Taube
Colver englische Nebenform von Culver
Côme französische Form von Cosmas
Conan *keltisch:* Intelligenz, Weisheit
Conrad Nebenform und englische Form von Konrad
Conrado italienische Form von Konrad
Conroy *aus dem Irisch-Gälischen:* der Weise; oder *keltisch:* hartnäckig
Constantin Nebenform und rumänische Form von Konstantin
Cordell englischer Vorname altfranzösischer Herkunft: kleiner Seilmacher; oder *keltisch:* der vom Meer
Corin französische Form von Quirinus
Corneel niederländische Kurzform von Cornelius
Cornelio italienische und spanische Form von Cornelius
Cornelis niederländische Form von Cornelius
Cornelius auch Kornelius; römischer Sippenname
Corrado italienische Form von Konrad
Cosimo italienischer Vorname griechischer Herkunft; zu Cosmas

C

D

Cosmas *griechisch:* Ordnung, Schönheit, Zier

Cosme französische Form von Cosmas

Costantino italienische Form von Konstantin

Craig *aus dem Schottisch-Gälischen:* der von der Felsspitze

Crépin französische Form von Crispin

Crispin auch Crispinus; *lateinisch:* kraushaarig

Crispino italienische Form von Crispin

Crispo spanische Form von Crispin

Crispus amerikanische Form von Crispin

Cristiano italienische Form von Christian

Cristóbal spanische Form von Christoph

Cristoforo italienische Form von Christoph

Culver *aus dem Altenglischen:* Taube; oder friedliebend

Curran *aus dem Irisch-Gälischen:* Held

Currey auch Currie, Curry; englische Koseformen von Curran

Curtis englischer Vorname altfranzösischer Herkunft: höflich

Curzi italienische Form von Curtis

Cyprian *griechisch:* Einwohner aus Zypern

Cyprien französische Form von Cyprian

Cyriac *griechisch:* zum Herrn gehörig

Cyriel niederländische Form von Cyriac

Cyril englische Form von Cyrill

Cyrill auch Kyrill, Cyrillus; *griechisch:* der rechte Herr

Cyrus im englischen Sprachraum verbreiteter Vorname; gräzisierte Form vom persischen »khurush« (Bezeichnung für die Sonne)

Dabir *afrikanisch:* Lehrer

Dacey *aus dem Irisch-Gälischen:* der aus dem Süden Stammende; auch als weiblicher Vorname!

Dag nordische Kurzform von Vornamen, die mit dem althochdeutschen »dag-« = Tag oder dem keltischen »dago-« = gut zusammengesetzt sind

Dagan *ostsemitisch:* Erde; oder kleiner Fisch

Dakil *arabisch:* der Eintretende

Dalal *indisch-pakistanisch:* Händler

Dale *aus dem Altenglischen:* Talbewohner

Daley Nebenform von Dale

Dalton *aus dem Altenglischen:* der vom Dorf im Tal

Damaskinos *neugriechisch:* Damaszener

Damek tschechische Form von Adam

Damian *lateinisch-griechisch:* bändigen; oder Erfolg

Damiano italienische Form von Damian

Damianos neugriechische Form von Damian
Damien französische Form von Damian
Dan *hebräisch:* Richter; auch englische Kurzform von Daniel; auch slawische Kurzform von Bogdan
Dana *aus dem Keltischen:* der Däne; auch als weiblicher Vorname!
Dane serbische Kurzform von Daniel
Danello italienische Form von Daniel
Daniel *hebräisch:* Gott ist Richter
Daniele italienische Form von Daniel
Daniello italienische Form von Daniel
Daniil russische Form von Daniel
Danila russische Form von Daniel; auch als weiblicher Vorname!
Danilo serbokroatische und spanische Form von Daniel
Danko *serbokroatisch:* der Geschenkte
Dankrat auch Dankrad; *aus dem Althochdeutschen:* Dank oder Gedanke und Rat, Ratgeber
Danladi *afrikanisch:* der am Sonntag Geborene
Danny englische Koseform von Daniel; auch als weiblicher Vorname!
Dano bulgarische Kurzform von Daniel
Dános ungarische Koseform von Daniel
Dario italienische und spanische Form von Darius
Darius *lateinisch:* der Mächtige, der Bezwinger
Dasan *indianisch:* Führer, Häuptling
Daudi *afrikanisch (swaheli):* der Geliebte
Dave englische Kurzform von David
David *hebräisch:* der Geliebte, Liebling
Davide italienische Form von David; auch als weiblicher Vorname!
Davis angloamerikanischer Vorname; wahrscheinlich von dem gleich lautenden englischen Familiennamen abgeleitet; *aus dem Altenglischen:* Sohn Davids
De *chinesisch:* Tugend
Dean *angloamerikanisch:* Dekan, Ältester; oder *aus dem Altenglischen:* Talbewohner
Dee englische Kurzform von Vornamen mit dem Anfangsbuchstaben »D«; auch als weiblicher Vorname!
Delano angloamerikanischer Vorname altfranzösischer Herkunft: der vom Platz der Nussbäume
Delmar *lateinisch:* vom Meer
Delmore auch Delmer; englische Formen von Delmar
Demetre französische Form von Demetrius
Demetrio italienische Form von Demetrius

D

Demetrius *griechisch:* der Göttin Demeter geweiht

Dénes ungarische Form von Dionysius

Deniz *türkisch:* zum Meer gehörig; auch als weiblicher Vorname!

Dennis auch Denis; englischer und französischer Vorname griechisch-lateinischer Herkunft: dem Gott Dionysos geweiht; ursprünglich Kurzform von Dionysius

Derrick auch Derrik; englische Kurzformen von Dietrich

Desiderio italienische Form von Desiderius

Desiderius *lateinisch:* der Ersehnte, Erwünschte

Désiré französische Form von Desiderius

Detlef auch Detlev; niederdeutsche Formen von Dietleib

Detlof skandinavische Form von Detlef

Dewei *chinesisch:* sehr tugendhaft

De Witt *altflämisch:* der Blonde

Díaz spanische Form von Jakob

Dick auch Dicky; englische Koseformen von Richard

Didier französische Kurzform von Desiderius

Diederik niederdeutsch-niederländische Form von Dietrich

Diego spanische Form von Jakob

Dietbald *aus dem Althochdeutschen:* Volk und kühn

Dietbert *aus dem Althochdeutschen:* Volk und glänzend

Dietleib *aus dem Althochdeutschen:* Volk und Rest, Erbe

Dietrich *aus dem Althochdeutschen:* Volk und reich, mächtig oder herrschen; Volksherrscher

Dimitri auch Dimitrij, Dmitri, Dmitrij; russische Formen von Demetrius

Dimitrios neugriechische Form von Demetrius

Dimocharis *neugriechisch:* Freude des Volkes

Dimosthenis *neugriechisch:* Vertreter der Volkskraft

Dinko slawische Kurzform von Dominikus

Dino italienische Kurzform von Vornamen, die mit »-dino« zusammengesetzt sind

Diogenis *neugriechisch:* der von Zeus Abstammende

Diomidis *neugriechisch:* der den Willen des Zeus Verkörpernde

Dion französische Kurzform von Dionysius

Dionysios neugriechische Form von Dionysius

Dionysius auch Dionys; *griechisch:* dem Gott Dionysos geweiht

Djamal auch Jamal; *arabisch:* Schönheit

Djamil auch Jamil; *arabisch:* der Schöne

Dobbin auch Dobby; englische Koseformen von Robert

Doman ungarische Form von Dominikus

Domenico italienische Form von Dominikus
Domingo spanische Form von Dominikus
Dominic englische Form von Dominikus
Dominikus auch Dominik; *lateinisch:* Gott gehörend; Dominik auch als weiblicher Vorname!
Dominique französische Form von Dominikus; auch als weiblicher Vorname!
Domokos auch Domonkos; ungarische Formen von Dominikus
Domos ungarische Form von Dominikus
Don Kurzform von Donald
Donald *keltisch:* Weltherrscher
Donatello italienische Koseform von Donato
Donatien französische Form von Donatus
Donato italienische Form von Donatus
Donatus auch Donat; *lateinisch:* der (von Gott) Geschenkte
Donet englische Form von Donatus
Donovan *keltisch:* finsterer Krieger
Dooley *aus dem Irisch-Gälischen:* finsterer Held
Dorian auch Dorien; englischer Vorname griechischer Herkunft: der Dorier; auch als weiblicher Vorname!
Doriano italienische Form von Dorian
Dorotheos *neugriechisch:* Geschenk Gottes
Dorus niederländische Form und Koseform von Theodor
Dotan *hebräisch:* Gesetz
Doto bulgarische Kurzform von Donatus
Doug englische Koseform von Douglas
Douglas englischer Vorname keltischer Herkunft: dunkelblau; oder der vom dunklen Wasser
Dragan auch Drago, Dargotin; Kurzformen von Dragomir
Dragomir *slawisch:* lieb und Friede
Drees auch Dries, Drewes; niederdeutsche und niederländische Kurzformen von Andreas
Drew *aus dem Altwalisischen:* der Weise; oder Kurzform von Andrew
Druce *aus dem Altangelsächsisch-Walisischen:* Sohn des Weisen
Duarte portugiesische Form von Edward
Dudley *aus dem Altenglischen:* der von der Weide
Duke englischer Vorname altfranzösischer Herkunft: Führer
Dumaka *afrikanisch:* reich mir eine helfende Hand
Duncan *aus dem Schottisch-Gälischen:* finsterer Krieger
Dunko slawische Kurzform von Dominikus
Duoc *vietnamesisch:* Moral
Dursun *türkisch:* es möge aufhören; Wunsch kinderreicher Eltern, keine weiteren Kinder zu bekommen

Dusan serbische Form von Daniel

Dustin *englisch:* der Tapfere; oder *aus dem Altenglischen:* der von dem staubigen Ort

Dwayne *aus dem Irisch-Gälischen:* der kleine Finstere

Dwight englische Form von De Witt

Dyami *indianisch:* Adler

Dyzek polnische Form von Demetrius

Eachan *aus dem Irisch-Gälischen:* kleines Pferd

Earl *englisch:* edler, freier Mann

Eberhard *aus dem Althochdeutschen:* Eber und hart, stark

Ed englische Kurzform von Edgar, Edmund, Edward oder Edwin

Eden englische Form von Aidan; auch *hebräisch:* Schönheit, Nettigkeit; auch als weiblicher Vorname!

Edgar *angelsächsisch:* Besitz und Speer

Edgardo italienische erweiterte Form von Edgar

Edik russische Kurzform von Edward

Edmond englische, französische, rumänische und ungarische Form von Edmund

Edmund *angelsächsisch:* Beschützer des Erbes

Edoardo italienische Form von Edward

Édouard französische Form von Edward

Eduardo spanische Form von Edward

Eduino italienische und spanische Form von Edwin

Edvard schwedische und norwegische Form von Edward

Edvin schwedische Form von Edwin

Edward *angelsächsisch:* Besitz und Hüter, Schützer

Edwin *angelsächsisch:* Besitz und Freund

Efrem englische und italienische Form von Ephraim

Efthimios *neugriechisch:* der Gutgelaunte, der Fröhliche

Eftichios *neugriechisch:* gutes Glück

Egidio italienische Form von Ägid

Einar nordischer Vorname altisländischer Herkunft: der allein kämft

Ejnar dänische Form von Einar

Eleazar *hebräisch:* wem Gott Hilfe ist

Eléazar französische Form von Eleazar

Eleazaro spanische Form von Eleazar

Eleftherios neugriechische Form von Eleutherius

Eleutherius latinisierte Form des griechischen »eleutheros« = frei

Elia italienische Form von Elias

Eliano italienische Nebenform von Elia

Elias auch Elija; *hebräisch:* Jahwe ist Gott
Élie französische Form von Elias
Eligius *lateinisch:* der Auserwählte
Eliodoro italienische und spanische Form von Heliodoros
Ellis englische Koseform von Elias
Elmar auch Almar, Elmer; Kurzformen von Adelmar
Elmo Kurzform von Elmar; auch italienische und spanische Kurzform von Erasmus
Elof auch Eloff; *skandinavisch:* alleiniger Erbe
Éloi französische Form von Eligius
Eloy spanische Form von Eligius
Elroy englischer Vorname altfranzösischer Herkunft: der König
Elsu *indianisch:* kreisender Falke
Elsworth *aus dem Altenglischen:* des Vornehmen Gut
Elton englischer Vorname; ursprünglich Familienname; *aus dem Altenglischen:* aus der alten Stadt
Eluf dänische Form von Elof
Elvis amerikanischer Vorname; Nebenform von Elwin
Elwin Nebenform von Alwin
Emanuel *hebräisch:* Gott mit uns
Emanuele italienische Form von Emanuel
Emil *lateinisch:* aus dem Geschlecht der Ämilier; vom lateinischen »aemulus« = eifrig, der Eifrige
Émile französische Form von Emil
Emilio spanische und italienische Form von Emil
Emin türkischer Vorname arabischer Herkunft: vertrauenswürdig
Emlyn *walisisch:* Wasserfall; auch als weiblicher Vorname!
Emmanuel englische und französische Form von Emanuel
Emmerich auch Emerich, Emrich; Nebenformen von Amalrich
Emmery englische Form von Amalrich
Emory englische Form von Amalrich
Emry französische Form von Amalrich
Engin *türkisch:* unendliche Weite
Enoch *hebräisch:* der Eingeweihte
Enrico italienische Form von Heinrich
Enrique spanische Form von Heinrich
Enzio auch Enzo; italienische Kurzformen von Heinrich
Epaminondas *neugriechisch:* der nach dem Besseren Strebende
Ephraim *hebräisch:* doppelt fruchtbar
Eraldo italienische Form von Harold
Erasme französische Form von Erasmus
Erasmo italienische und spanische Form von Erasmus
Erasmus *griechisch:* liebenswürdig, anmutig
Erhan *türkisch:* mutiger Anführer
Eric englische Form von Erich
Erich *aus dem Nordischen:* alleiniger beständiger Herrscher

E

Erik skandinavische Form von Erich

Erim *türkisch:* einer, der es erreichen wird

Erin *aus dem Irisch-Gälischen:* der aus Irland Stammende; auch als weiblicher Vorname!

Erk schwedische Form von Erik

Erkenbald *aus dem Althochdeutschen:* ausgezeichnet, echt und kühn

Erland skandinavischer Vorname vermutlich althochdeutscher Herkunft: freier Mann und kühn; oder *aus dem Altenglischen:* Land des Edelmanns

Ermanno italienische Form von Hermann

Erminio italienische Form von Hermann

Ermo italienische Kurzform von Ermanno, Erminio oder Erasmus

Ernest englische und französische Form von Ernst

Ernestino erweiterte Form von Ernesto

Ernesto italienische und spanische Form von Ernst

Erno Nebenform von Arno; auch italienische Kurzform von Ernesto; auch niederländische Kurzform von Vornamen, die mit »arn-« oder »ern-« zusammengesetzt sind

Ernö ungarische Form von Ernst

Ernst *aus dem Althochdeutschen:* Ernst, Entschlossenheit

Errol Nebenform von Earl

Erwin alte Form: Herwin; *aus dem Althochdeutschen:* Heer und Freund

Esdras französische und spanische Form von Esra

Esme angloamerikanischer Vorname lateinischer Herkunft: Achtung, Wertschätzung; auch als weiblicher Vorname!

Esra *hebräisch:* Hilfe (ist Gott)

Essien *afrikanisch:* der Sechstgeborene

Estéban spanische Form von Stephan

Estevan spanische Form von Stephan

Ethan *hebräisch:* Festigkeit, Stärke

Étienne französische Form von Stephan

Ettore italienische Form von Hektor

Etu *indianisch:* Sonne

Eugen *griechisch:* der Wohlgeborene, von edler Abkunft

Eugene englische Form von Eugen

Eugène französische Form von Eugen

Eugenio italienische und spanische Form von Eugen

Eumenes *griechisch:* wohl wollend

Eustace englische Form von Eustachius

Eustache französische Form von Eustachius

Eustachio italienische Form von Eustachius

Eustachius auch Eustach; *griechisch:* der gute Ernte Machende

Eustathius *griechisch:* der Standhafte

Evan *aus dem Irisch-Gälischen:* Jüngling, junger Krieger; oder walisische Form von Johannes; auch als weiblicher Vorname!

Evangelos *neugriechisch:* frohe Botschaft

Everardo italienische Form von Eberhard

Everhart niederländische Form von Eberhard

Evgeni auch Evgenij; russische Formen von Eugen

Evgenios neugriechische Form von Eugen

Evlambios *neugriechisch:* der Glänzende

Evraud französische Form von Eberhard

Evripidis *neugriechisch:* der, der gut spricht

Evstathios neugriechische Form von Eustathius

Evstratios *neugriechisch:* Heerführer

Ewen auch Ewan; englische Formen von Evan

Eyota *indianisch:* der Größte; auch als weiblicher Vorname!

Ezechiel *hebräisch:* Gott macht stark

Ezechiele italienische Form von Ezechiel

Ezequiel spanische Form von Ezechiel

Ezzo auch Azzo; italienische Kurzformen von Adolf

Fabian erweiterte Form von Fabius

Fabiano italienische Form von Fabian

Fabien französische Form von Fabian

Fabio italienische und spanische Form von Fabian

Fabius auch Fabianus; *lateinisch;* aus dem altrömischen Geschlecht der Fabier

Fabre *französisch:* kleiner Schmied

Fabrice französische Form von Fabricius

Fabricio italienische Form von Fabricius

Fabricius Name einer römischen Familie

Fabrizio italienische Form von Fabricius

Fabroni italienische Form von Fabre

Fairfax *englisch:* blond

Fairlie auch Fairleigh; englische Nebenformen von Farley

Faris *arabisch:* Reiter, Ritter

Farley *aus dem Altenglischen:* der von der Bullen- oder Schafweide

Farrell *aus dem Irisch-Gälischen:* der Tapfere, der Krieger

Fath *arabisch:* Sieg, Öffnung

Fatih *arabisch und türkisch:* Eroberer

Faust auch Faustus; *lateinisch:* der Glückliche, der Glückbringer

Faustino italienische und spanische Form von Faustinus

Faustinus erweiterte Form von Faust

F

Fausto italienische Form von Faust
Federico spanische und italienische Form von Friedrich
Federigo spanische und italienische Nebenform von Federico
Fedon *neugriechisch:* der Strahlende, der Leuchtende
Felice italienische Form von Felix
Félicien französische Form von Felizian
Feliks polnische Form von Felix
Felipe spanische Form von Philipp
Felix *lateinisch:* glücklich
Félix französische, spanische und portugiesische Form von Felix
Felizian erweiterte Form von Felix
Feodor Nebenform von Fjodor
Feodosi auch Feodosij; russische Form von Theodosius
Ferdinand romanisierte Form des althochdeutschen Namens »Fridenand« = Friede, Schutz und mutig, kühn
Ferdinando italienische Form von Ferdinand
Ferenc ungarische Form von Franz
Feri auch Ferke; ungarische Koseformen von Ferenc
Fernán spanische Form von Ferdinand
Fernand französische Form von Ferdinand
Fernández spanische Nebenform von Fernando
Fernando italienische und spanische Form von Ferdinand
Fernão portugiesische Form von Ferdinand
Ferrand französische Nebenform von Fernand
Ferrando italienische Nebenform von Ferdinando
Ferry französische Kurz- und Koseform von Frédéric
Fidel Kurzform von Fidelis
Fidele französische Form von Fidelis
Fidelis auch Fidelius; *lateinisch:* treu
Fidelio italienische Form von Fidelis
Filib irische Form von Philipp
Filibert *aus dem Althochdeutschen:* viel und glänzend
Filiberto italienische Form von Filibert
Filipe portugiesische Form von Philipp
Filipp russische Form von Philipp
Filippo italienische Form von Philipp
Filippos neugriechische Form von Philipp
Filko ungarische Form von Philipp
Finley *aus dem Irisch-Gälischen:* kleiner blonder Tapferer, blonder Krieger
Finn *nordisch, keltisch;* Bedeutung ungeklärt; vielleicht vom gälischen »fionn« = weiß; oder der Finne
Fiore italienische Form von Florus
Fiorello Verkleinerungsform von Fiore
Fiorenzo italienische Form von Florens

Fitko slawische Form von Vitus
Fitzgerald *aus dem Altenglischen:* Sohn Geralds
Fitzhugh *aus dem Altenglischen:* Sohn des Weisen
Fjodor russische Form von Theodor
Florens *lateinisch:* blühend
Florent französische Form von Florentius
Florentius erweiterte Form von Florens
Florestan italienische erweiterte Form von Florus
Floris niederländische Kurzform von Florus; auch als weiblicher Vorname!
Floros neugriechische Form von Florus
Florry englische Koseform von Florus; auch als weiblicher Vorname!
Florus *lateinisch:* blühend
Flynn *aus dem Irisch-Gälischen:* Sohn des Rothaarigen
Fokion *neugriechisch:* fürsorglich wie eine Robbe
Foma russische Form von Thomas
Fortunatus *lateinisch:* beglückt, begütert
Fortune englische Form von Fortunatus
Fortuné französische Form von Fortunatus
Fortunio italienische Form von Fortunatus
Foster angloamerikanischer Vorname; entspricht Gaston
Fotios *neugriechisch:* der Strahlende
Fran auch Frane; serbokroatische Kurzformen von Francisko; Fran auch englische Koseform von Francis; Fran auch als weiblicher Vorname!
Franc slawische Form von Franziskus
Francesco italienische Form von Franziskus
Francis englische Form von Franz; auch als weiblicher Vorname!
Francisco portugiesische und spanische Form von Franziskus
Francisko serbokroatische Form von Franziskus
Franciszek polnische Form von Franziskus
Franco italienische Kurzform von Francesco; portugiesische und spanische Kurzform von Francisco
François französische Form von Franz
Franek polnische Koseform von Franciszek
Franjo südslawische Kurzform von Francisko
Franklin *englisch:* freier Landbesitzer
Franklyn auch Francklin, Francklyn; englische Nebenformen von Franklin
Frans niederländische, schwedische und finnische Form von Franz
Frantek polnische Koseform von Franciszek

F G

Frants dänische Form von Franz
Franz Kurzform von Franziskus
Franziskus wahrscheinlich latinisierte Form vom italienischen »Francesco« = der Französische
Frasquito spanische Koseform von Franziskus
Frazer *aus dem Altenglischen:* der Lockige; oder der Friese
Frazier englische Nebenform von Frazer
Freddy auch Fredy; aus dem Englischen ins Niederdeutsche übernommene Kurzformen von Frederic oder Alfred
Frederic englische Form von Friedrich
Frédéric französische Form von Friedrich
Frederico portugiesische Form von Friedrich
Frederik niederländische und dänische Form von Friedrich
Fredrik schwedische Form von Friedrich
Fresco Kurzform von Francesco
Fridtjof dänische und norwegische Form von Frithjof
Friedrich *aus dem Althochdeutschen:* Friede und reich, mächtig
Frigyes ungarische Form von Friedrich
Frithjof *nordisch:* Friede und Fürst; oder Schutz und Räuber
Fryderyk polnische Form von Friedrich
Fuat türkischer Vorname arabischer Herkunft: Herz, Seele
Fülöp ungarische Form von Philipp
Fulton *aus dem Altenglischen:* der beim Geflügelgehege Wohnende; oder öffentlicher Besitz; nach einer Ortsbezeichnung

Gaard niederländische Form von Gerhard
Gábor ungarische Form von Gabriel
Gabriel *hebräisch:* Mann Gottes
Gabriele italienische Form von Gabriel; auch als weiblicher Vorname!
Gabriello italienische Form von Gabriel
Gabrio italienische Form von Gabriel
Gaddo Kurzform von Gherardo
Gadi *arabisch:* mein Glück
Gail englische Form von Gale; auch als weiblicher Vorname!
Gainer auch Gainor; englische Formen von Gaynor
Gaith *arabisch:* (reichlicher) Regen
Galdino italienische Koseform von Galdo
Galdo Kurzform von Gherardo
Gale *aus dem Altenglischen:* der Fröhliche, der Lebendige; oder *aus dem Altirischen:* Ausländer
Galen *aus dem Irisch-Gälischen:* der kleine Blonde
Galland französische Form von Wieland
Gallo italienische Form von Gallus

Gallus *lateinisch:* der Gallier
Galvan auch Galven; englische Formen von Galvin
Galvin *aus dem Irisch-Gälischen:* hell, leuchtend weiß; oder Sperling
Gamaliel *hebräisch:* Lohn Gottes
Gan *vietnamesisch:* nahe sein
Gardiner auch Gardener; englische Nebenformen von Gardner
Gardner *englisch:* Gärtner
Gari englische Nebenform von Gary; auch als weiblicher Vorname!
Garibaldi italienische Form von Gerbald
Garnett *aus dem Altenglischen:* der Speerbewaffnete
Garnier französische Form von Werner
Garrett englische Form von Gerhard
Garry englische Nebenform von Gary
Gary angloamerikanischer Vorname; Koseform von Gerard
Gaspar englische, portugiesische und spanische Form von Kaspar
Gáspár ungarische Form von Kaspar
Gaspard französische Form von Kaspar
Gaspare italienische Form von Kaspar
Gasparo italienische und spanische Form von Kaspar
Gaston französische Form des flämischen Heiligennamens St. Gast (Vaast)
Gauthier französische Form von Walter
Gavin englischer Vorname vermutlich walisischer Herkunft: Falke
Gawel slawische Form von Gallus
Gawriil auch Gavriil; russische Formen von Gabriel
Gayner englische Form von Gaynor
Gaynor *aus dem Irisch-Gälischen:* Sohn des Blondhaarigen
Gearalt irische Form von Gerwald
Gearoid irische Form von Gerhard
Geary *englisch:* der Wankelmütige
Gebhard *aus dem Althochdeutschen:* Gabe und hart, stark, kühn
Gedeon russische Form und Nebenform von Gideon
Gellért ungarische Form von Gerhard
Gene Kurzform von Eugene; auch als weiblicher Vorname!
Genest französischer Vorname griechischer Herkunft: Spross, Nachkomme
Gennaro italienische Form von Januarius
Genrich russische Form von Heinrich
Geo niederländische Kurzform von Georg
Geoffrey auch Jeffrey; englische Formen von Gottfried oder vielleicht von einem anderen Vornamen, der mit »-fried« zusammengesetzt ist
Geoffroi französische Form von Gottfried

G

Georg *griechisch:* der Bauer, der Landmann (der die Erde Bearbeitende)

George englische und rumänische Form von Georg; auch als weiblicher Vorname!

Georges französische Form von Georg

Georgi russische und bulgarische Form von Georg

Georgij russische Form von Georg

Georgio italienische Form von Georg

Georgios neugriechische Form von Georg

Georgy englische Koseform von George

Gera russische Kurzform von German; auch als weiblicher Vorname!

Gerald auch Gerold; Nebenformen von Gerwald

Gerard englische und niederländische Form von Gerhard

Gérard französische Form von Gerhard

Gerardo italienische und spanische Form von Gerhard

Gerasimos *neugriechisch:* Triumphator

Géraud französische Form von Gerald

Gerbald auch Gerbold; *aus dem Althochdeutschen:* Speer und kühn

Gereon *griechisch:* alt, der Greis

Gergely ungarische Form von Gregor

Gerhard auch Gerhart; *aus dem Althochdeutschen:* Speer und hart, stark, kühn

Germain französische Form von German

Germaine englische Nebenform von German; auch als weiblicher Vorname!

German *lateinisch:* der Germane; auch russische Form von Hermann

Germano italienische Form von German

Germar *aus dem Althochdeutschen:* Speer und berühmt

Germo Kurzform von Germar; auch bulgarische Form von German

Gero Kurzform von Vornamen, die mit dem althochdeutschen »ger-« = Speer zusammengesetzt sind; auch bulgarische Form von German

Gerö Kurzform von Gergely

Gerome englische Form von Hieronymus

Geronimo italienische Form von Hieronymus

Gerry auch Gerrie; englische Koseformen von Gerald; auch als weibliche Vornamen!

Gerson *hebräisch:* Fremdling; vielleicht auch Glocke

Gervais französische Form von Gervas

Gervas auch Gerwas; *aus dem Althochdeutschen:* Speer und heranwachsen

Gervasio italienische Form von Gervas

Gerwald *aus dem Althochdeutschen:* Speer und walten, herrschen

Gevaert niederländische Form von Gebhard

Géza ungarischer Vorname türkischer Herkunft; ursprünglich Ehrentitel

Gheorge rumänische Form von Georg

Gherardo italienische Form von Gerhard

Ghislain französische Form des lateinischen Heiligennamens St. Gislenus

Gi *koreanisch:* tapfer

Giacomino erweiterte Form von Giacomo

Giacomo italienische Form von Jakob

Gianni auch Gian; italienische Kurzformen von Giovanni

Giannino italienische Kurzform von Giovannino

Gibor *hebräisch:* Held

Gideon auch Gidion; *hebräisch:* (Baum-)Fäller, Krieger

Gil spanische Form von Ägid

Gilbert ursprünglich französische Form von Giselbert

Gilberto italienische und spanische Form von Gilbert

Giles englische Form von Ägid; auch als weiblicher Vorname!

Gill englische Form von Ägid; auch als weiblicher Vorname!

Gilleabart schottische Form von Gilbert

Gilles französische Form von Ägid

Gillian deutsch-schweizerische Form von Giligan, einer Kurzform von Ägid; auch als weiblicher Vorname!

Gino italienische Koseform von Luigi

Gioachino italienische Form von Joachim

Gion rätoromanische Kurzform von Johannes

Giona italienische Form von Jonas

Giordano italienische Form von Jordan

Giorgio italienische Form von Georg

Giorgos griechische Form von Georg

Giovanni italienische Form von Johannes

Giovannino italienische Koseform von Giovanni

Giraldo italienische Form von Gerald

Girard französische Nebenform von Gérard

Giraud französische Form von Gerald

Girolamo italienische Form von Hieronymus

Giselbert *aus dem Althochdeutschen:* Geisel oder junger Mann und glänzend

Giuliano italienische Form von Julian

Giulio italienische Form von Julius

G

Giurgiu rumänische Form von Georg

Giuseppe italienische Form von Joseph

Glauco *italienisch und spanisch:* der bläulich Schimmernde

Gleb russischer Vorname wahrscheinlich skandinavischer Herkunft; entspricht Gottlieb

Glenn *aus dem Altwalisischen oder Irisch-Gälischen:* Talbewohner

Godeffroy französische Form von Gottfried

Godfrey englische Form von Gottfried

Goffredo italienische Form von Gottfried

Golding *aus dem Altenglischen:* Sohn des Goldenen

Gontard französische Form von Gunthard

Gontier französische Form von Günter

Gora russische Kurzform von Georgij

Goran serbokroatische Form von Gregor oder Georg

Göran schwedische Form von Georg

Gordan auch Gorden; englische Nebenformen von Gordon

Gordon *aus dem Altenglischen:* der vom dreieckigen oder runden Hügel

Gorgely ungarische Form von Gregor

Gorm *dänisch;* Kurzform von Guttorm (vom altnordischen »gudh« = Gott und »thyrma« = Ehre)

Goro *japanisch:* der Fünfte (der Fünftgeborene)

Gosbert *aus dem Althochdeutschen:* Gote und glänzend

Gosheven *indianisch:* großer Springer

Gösta schwedische Form von Gustav

Göte auch Göthe; *nordisch:* gotischer Mann; später Kurzformen von Vornamen, die mit »göt-« zusammengesetzt sind

Gottfried *aus dem Althochdeutschen:* Gott und Friede

Gottlieb Vorname aus pietistischer Zeit (17. und 18. Jahrhundert)

Govert niederdeutsch-niederländische Kurzform von Gottfried

Gower *aus dem Altwalisischen:* der Reine

Gowon *afrikanisch (nigerianisch):* Regenmacher (für einen während eines Unwetters geborenen Sohn)

Graciano spanische Form von Gratian

Graham *aus dem Altenglischen:* der aus dem grauen Land; oder der aus Grants Haus

Grant *aus dem Mittelenglischen:* der Große

Gratian auch Gratianus, Grazian; *lateinisch:* der Anmutige

Gratien französische Form von Gratian

Graziano italienische Form von Gratian

Grégoire französische Form von Gregor
Gregoor niederländische Form von Gregor
Gregor auch Gregorius; *griechisch:* der Wachsame
Gregorio italienische und spanische Form von Gregor
Gregorios neugriechische Form von Gregor
Gregory englische Form von Gregor
Griffith *aus dem Walisischen:* mächtiger Kämpfer
Grigor serbokroatische Form von Gregor
Grigore rumänische Form von Gregor
Grigorij russische Form von Gregor
Grischa russische Kurz- und Koseform von Gregor
Grzegorz polnische Form von Gregor
Gualterio italienische Form von Walter
Guarnerio italienische Form von Werner
Gudmund *nordisch:* Gott und Acht geben
Guernard französische Form von Werner
Guglielmino erweiterte Form von Guglielmo
Guglielmo italienische Form von Wilhelm
Guglio italienische Form von Julius
Guide französische Form von Guido
Guido italienische Form von Wido
Guilbert moderne französische Form von Gilbert
Guillaume französische Form von Wilhelm
Guillermo spanische Form von Wilhelm
Guiscard französische Form von Wishart
Gulja russische Kurzform von Georgij; auch als weiblicher Vorname!
Gullbrand *skandinavisch:* Gott und Feuer
Gunar auch Gunnar; nordische Formen von Gunter, Günter
Gunder dänische Form von Günter
Gunter auch Gunther; Nebenformen von Günter
Günter auch Günther; *aus dem Althochdeutschen:* Kampf und Heer
Gunthard *aus dem Althochdeutschen:* Kampf und hart, stark, kühn
Gus englische Kurzform von Gustav
Guscha russische Kurzform von Serguscha; auch als weiblicher Vorname!
Gustaaf niederländische Form von Gustav
Gustav auch Gustaf; ursprünglich schwedischer Vorname: Gott und Stab, Stütze
Gustave französische Form von Gustav
Gustavo italienische, portugiesi-

sche und spanische Form von Gustav

Gusztáv ungarische Form von Gustav

Guy französische und englische Form von Guido oder Veit

Guyapi *indianisch:* offen, ehrlich

Gyasi *afrikanisch:* wundervolles Kind

György ungarische Form von Georg

Gyula *ungarisch;* ursprünglich Bezeichnung für einen militärischen Würdenträger; oder ungarische Form von Julius

Haakon norwegische Form von Hakon

Hagen *aus dem Althochdeutschen:* Einfriedung; oder *aus dem Irisch-Gälischen:* der Kleine, der Junge

Hahnee *indianisch:* der Arme, der Bettler

Hakan *türkisch;* Bezeichnung für einen Herrscher oder Landesfürsten; auch *indianisch:* feurig, glühend

Hakim *arabisch:* Herrscher

Hakon nordischer Vorname; abgeleitet von Hagen

Hal englische Koseform von Henry

Haldan *nordisch:* halber Däne

Haldor auch Haldo; *nordisch:* Fels, Stein und Thor

Hale *aus dem Altenglischen:* Held; auch *hawaiisch:* Heerführer

Haley *amerikanisch:* der Kluge, der Geschickte; oder *aus dem Schottischen:* der Heldenhafte; oder *aus dem Altenglischen:* der von der Heuweide; auch als weiblicher Vorname!

Halfdan englische Nebenform von Haldan

Halfred *nordisch:* Fels, Stein und Friede

Halil *türkisch:* enger Freund

Halim *arabisch:* freundlich, höflich, geduldig

Halvard *nordisch:* Fels, Stein und Hüter

Halvor dänische Form von Halvard

Hamit türkischer Vorname arabischer Herkunft: lobenswert, dankenswert

Hanko slawische Kurzform von Johannes

Hanno Kurzform von Johannes

Hannu finnische Form von Johannes

Hans auch Hanns; Kurzformen von Johannes

Harald skandinavische Form von Harold

Harbert niederländische und niederdeutsch-friesische Form von Herbert

Hardeep *indisch-pakistanisch:* der Gotte Liebende, der Gott Verehrende

Harding englische Nebenform von Hartwin; oder *aus dem Altenglischen:* Sohn des Tapferen

Harm auch Harmen, Harms; friesische und niederländische Kurzformen von Hermann

Harold *aus dem Althochdeutschen:* Heer und walten, herrschen

Harper *aus dem Altenglischen:* Harfenspieler; auch als weiblicher Vorname!

Harpreet *indisch-pakistanisch:* der Gott Liebende, der Gott Verehrende

Harris *aus dem Altenglischen:* Harrys Sohn

Harrison englische Nebenform von Harris

Harry auch Harri; englische Nebenformen von Henry; oder *aus dem Altenglischen:* Soldat; auch Koseformen von Harold oder Harald

Hartwin *aus dem Althochdeutschen:* hart, stark, kühn und Freund

Harun arabische Form von Aaron

Harvey englische Form von Herwig

Hasan türkische Form von Hassan

Hashim *arabisch:* Überwinder des Übels

Hasim *arabisch:* großzügig, freundlich

Hasin *indisch-pakistanisch:* der Lachende

Hassan *arabisch:* schön

Hasse schwedische Kurzform von Johannes

Havel auch Havlik, Hawel; tschechische Formen von Gallus

Haven *aus dem Altenglischen:* Hafen, sicherer Ort; auch als weiblicher Vorname!

Haydn angloamerikanischer Vorname nach dem österreichischen Komponisten Joseph Haydn

Haywood *aus dem Altenglischen:* der vom Hochwald

Heath *aus dem Mittelenglischen:* Heide; oder Weide

Hector englische und französische Form von Hektor

Heikki finnische Form von Heinrich

Heilmar *aus dem Althochdeutschen:* heil, gesund und berühmt

Heinrich *aus dem Althochdeutschen:* Einfriedung und reich, mächtig

Heintje niederländische Koseform von Heinrich

Heiri schweizerische Kurzform von Heinrich

Heitor portugiesische Form von Hektor

Hektor *griechisch:* der Erhalter, Herrscher

Helaku *indianisch:* Sonnentag

Helge *nordisch:* gesund, heil, unversehrt; auch als weiblicher Vorname!

Heliodoros *griechisch:* Geschenk der Sonne

Helmer dänische und schwedische Form von Heilmar

Helmold auch Helmwald; *aus dem Althochdeutschen:* Helm und walten, herrschen

Hendrik niederdeutsch-niederländische Nebenform von Henrik

Henri französische Form von Heinrich

H

Henrik schwedische, dänische, norwegische, ungarische und niederdeutsche Form von Heinrich

Henry englische Form von Heinrich

Henryk polnische Form von Heinrich

Hérault auch Héraud; französische Formen von Harold

Herbert *aus dem Althochdeutschen:* Heer und glänzend

Heriberto spanische Form von Herbert

Herman Nebenform und englische, niederländische und schwedische Form von Hermann; auch belorussische, ukrainische und rumänische Form von German

Hermann auch Herrmann; *aus dem Althochdeutschen:* Heer und Mann, Krieger

Hernán Nebenform von Hernando

Hernando spanische Form von Ferdinand

Herwig *aus dem Althochdeutschen:* Heer und Kampf

Herwin *aus dem Althochdeutschen:* Heer und Freund; ältere Form von Erwin

Hierom auch Hierome; englische Formen von Hieronymus

Hieronymus *griechisch:* der mit einem heiligen Namen

Hieu *vietnamesisch:* Respekt

Hilaire französische Form von Hilarius

Hilal *arabisch:* Neumond

Hilario spanische Form von Hilarius

Hilarius *lateinisch:* der Heitere

Hilary englische Form von Hilarius; auch als weiblicher Vorname!

Hilding skandinavischer Vorname; von dem altnordischen »hildr« = Kampf

Hinun *indianisch:* Götter der Wolken und des Regens

Hiob *hebräisch:* der Angefeindete

Hippolyt *griechisch:* der die Pferde Ausspannende

Hippolyte französische Form von Hippolyt

Hiram *hebräisch:* der überaus Edle

Hiroshi *japanisch:* freigiebig

Hisoka *japanisch:* verschlossen, geheimnisvoll

Hjalmar nordischer Name altisländischer Herkunft: Helm und Krieger

Ho *chinesisch:* der Gute

Hogan *aus dem Irisch-Gälischen:* Jugend, der Jugendliche

Högne schwedische Form von Hagen

Hoho *indianisch:* brummender Bär

Hoku *hawaiisch:* Stern; auch als weiblicher Vorname!

Holger auch Holdger; *schwedisch-dänisch:* Insel und Speer

Holm *nordisch:* Inselbewohner

Honon *indianisch:* Bär

Honoré französische Form von Honorius

Honorius *lateinisch:* der Geehrte

Honovi *indianisch:* stark

Horace englische und französische Form von Horatius

Horacio spanische Form von Horatius

Horatio englische Form von Horatius

Horatius *lateinisch:* aus dem Geschlecht der Horatier

Horats niederländische Form von Horatius

Horton *aus dem Altenglischen:* der von der grauen Siedlung

Hosea *hebräisch:* Errettung, Befreiung

Hototo *indianisch:* Pfeifer

Houston angloamerikanischer Vorname; ursprünglich schottische Ortsbezeichnung: Hugos Stadt

Hovhannes armenische Form von Johannes

Howard englischer Vorname nach dem gleich lautenden Familiennamen; entspricht Hubert

Howell *aus dem Altwalisischen:* der kleine Lebhafte

Howi *indianisch:* Turteltaube

Hu *chinesisch:* Tiger

Hubert verkürzte Form von Hugbert

Huberto spanische Form von Hubert

Hudson englischer Vorname; von Hugh abgeleitet; oder *aus dem Altenglischen:* Sohn eines Kapuzenträgers

Hugbert *aus dem Althochdeutschen:* Gedanke, Geist und glänzend

Hugh englische Form von Hugo

Hugo Kurzform von Vornamen, die mit dem althochdeutschen »Hug-« = Geist, Verstand zusammengesetzt sind

Hugues französische Form von Hugo

Hulwema *indianisch:* toter Grislibär

Humbert auch Humbrecht; *aus dem Althochdeutschen:* junger Bär und glänzend

Humfrid schwedische Form von Humfried

Humfried *aus dem Althochdeutschen:* junger Bär und Friede

Humphrey englische Form von Humfried

Hunfredo spanische Form von Humfried

Hung *vietnamesisch:* heldenhaft

Hunter *aus dem Altenglischen:* Jäger

Huschke eingedeutschte tschechische Kurzform von Johannes

Hüseyin türkische Form von Hussein

Hussein *arabisch;* ursprünglich Koseform von Hassan

Hustav ukrainische Form von Gustav

Hute *indianisch:* Stern

Hyacinthe französische Form von Hyazinth

Hyazinth *griechisch;* Name eines spartanischen Jünglings, der nach der Mythologie in eine Hyazinthe verwandelt wurde

Hyman *hebräisch:* Leben

Hynek tschechische Form von Ignatius

Iakovo italienische Form von Jakob
Iakovos neugriechische Form von Jakob
Ian *englisch;* ursprünglich gälische Form von Johannes
Ibrahim arabische Form von Abraham
Igasho *indianisch:* Wanderer
Ignace französische Form von Ignatius
Ignacio spanische Form von Ignatius
Ignatij russische Form von Ignatius
Ignatius auch Ignaz; *lateinisch:* der Feurige
Ignazio italienische Form von Ignatius
Igor russischer Vorname; von dem skandinavischen Ingvar
Ikaros neugriechischer Vorname nach der Sagengestalt Ikarus
Ilario italienische Form von Hilarius
Ilian schwedische Form von Ägid
Ilija slawische Form von Elias
Ilja slawische Form von Elias
Ilko mazedonische und ukrainische Form von Elias
Illyés ungarische Form von Elias
Immanuel *hebräisch:* Gott mit uns
Imre ungarische Form von Emmerich
Ingmar auch Ingemar; schwedische Vornamen; Kurz- und Nebenformen von Ingomar
Ingomar *aus dem Althochdeutschen:* Ingwio (germanischer Stammesgott) und berühmt
Ingvar *nordisch; aus dem Althochdeutschen:* Ingwio (germanischer Stammesgott) und Heer oder Wächter, Hüter
Ingwin *aus dem Althochdeutschen:* Ingwio (germanischer Stammesgott) und Freund
Innocente italienische Form von Innozenz
Innocenzo italienische Form von Innozenz
Innozenz *lateinisch:* der Unschuldige
Ioakim neugriechische Form von Joachim
Ioannis neugriechische Form von Johannes
Iosif neugriechische Form von Joseph
Ippolito italienische Form von Hippolyt
Ira *hebräisch:* wachsam; auch als weiblicher Vorname!
Iraklis neugriechischer Vorname nach der griechischen Sagengestalt Herakles
Irenäus *griechisch:* der Friedfertige
Irènée französische Form von Irenäus
Ireneo italienische Form von Irenäus
Irodotos *griechisch:* der von (der Göttin) Hera Geschenkte
Irving englischer Vorname; Nebenform von Erwin; oder *aus dem Altenglischen:* Meeresfreund; oder *aus dem Altwalisischen:* heller Fluss

Isaak *hebräisch:* er (Gott) wird lachen
Isacco italienische Form von Isaak
Isas *japanisch:* der Wohltätige
Isidor *griechisch:* Geschenk der Göttin Isis
Isidoro auch Isidro; spanische Formen von Isidor
Isiodoros neugriechische Form von Isidor
Iskandar arabische Form von Alexander
Ismael *hebräisch und arabisch:* Gott hört
Ismail türkische und arabische Form von Ismael
Ismet *türkisch:* Ehre, Anstand, Reinheit; auch als weiblicher Vorname!
Israel *hebräisch:* Gott möge schützen
Issam *arabisch:* strebsam
István ungarische Form von Stephan
Ivan russische Form von Johannes
Ivar auch Iwar; Nebenformen von Ingvar
Iver schwedische Form von Ivar
Ives auch Ive; französische Nebenformen von Yves
Ivo auch Iwo; Kurzformen vermutlich *aus dem Althochdeutschen:* Eibe
Iwan russische Form von Johannes
Iye *indianisch:* Rauch
Izaak niederländische Form von Isaak
Izsák ungarische Form von Isaak
Jaap niederländische Kurzform von Jakob
Jacek polnische Form von Hyazinth
Jacinto spanische Form von Hyazinth
Jack englische Form von John
Jacob englische Form und Nebenform von Jakob
Jacobo spanische Form von Jakob
Jacques französische Form von Jakob
Jacy *indianisch:* Mond
Jago spanische Kurzform von Jakob
Jahi *afrikanisch (swaheli):* Würde
Jaime spanische und englische Form von Jakob; auch als weiblicher Vorname!
Jainkew jiddische Form von Jakob
Jakob *hebräisch;* wahrscheinlich: Fersenhalter
Jakow russische Form von Jakob
Jakub polnische, russische und tschechische Form von Jakob
Jamal auch Djamal; *arabisch:* Schönheit
James englische Form von Jakob
Jamil auch Djamil; *arabisch:* der Schöne
Jan niederdeutsche, niederländische, polnische und russische Kurzform von Johannes
Janek polnische Koseform von Johannes
Janis lettische und litauische Form von Johannes; auch als weiblicher Vorname!

Janko serbokroatische Koseform von Johannes
Jankó ungarische Koseform von Johannes
Jannik dänische Koseform von Jan; Jannick ist weiblicher Vorname!
János ungarische Form von Johannes
Januarius *lateinisch:* dem Gott Janus zugehörig
Jarka russische Kurzform von Jaroslaw
Jarl *schwedisch:* Adliger
Jarman englische Form von German
Jarmil Nebenform von Jaromil
Jaro Kurzform von Jaromir und Jaroslaw
Jaromil Nebenform von Jaromir
Jaromir *slawisch:* heftig, mutig und Friede
Jaronim auch Jarolim; slawische Formen von Hieronymus
Jaroslaw *slawisch:* heftig, mutig und Ruhm, Ehre
Jascha russische Kurzform von Jakob; auch als weiblicher Vorname!
Jason *griechisch:* Heilkundiger
Jaspal *indisch-pakistanisch:* rechtschaffen, tugendhaft
Jasper friesische, englische, dänische und niederländische Form von Kaspar
Javier spanische Form von Xaver
Jean französische Form von Hans, Johannes; auch als weiblicher Vorname!
Jed moderne Kurzform des hebräischen Namens »Jedediah« = der von Gott Geliebte
Jeff englischer Kurz- und Koseform von Jeffrey
Jeffrey Nebenform von Geoffrey
Jehudi Nebenform von Yehudi
Jendrik auch Jendrick, Jendrich; slawische Formen von Heinrich
Jeník tschechische Form von Johannes
Jenö ungarische Form von Eugen
Jens friesische und dänische Kurzform von Johannes
Jeremias *hebräisch:* (den) Jahwe (Gott) erhöht
Jeremy englische Form von Jeremias
Jerk auch Jerker; schwedische Nebenformen von Erich
Jerman auch Jermyn; englische Formen von German
Jeroen niederländische Form von Hieronymus
Jerome englische Form von Hieronymus
Jérôme französische Form von Hieronymus
Jeronimo spanische Form von Hieronymus
Jerry englische Koseform von Gerald oder Jeremy; auch als weiblicher Vorname!
Jervis englische Form von Gervas
Jerzy polnische Form von Georg
Jesko slawische Kurzform von Jaroslaw oder Jaromir
Jesper dänische Form von Kaspar

Jesse englischer Vorname hebräischer Herkunft: Mann Jahwes (Gottes); oder Jahwe existiert; auch als weiblicher Vorname!

Jethro englischer Vorname hebräischer Herkunft: Überfluss

Jewgenij russische Form von Eugen

Jillis niederländische Form von Ägid

Jim Kurzform von James

Jimoh *afrikanisch (swaheli):* der am Freitag Geborene

Jin *chinesisch:* Gold

Jiro *japanisch:* der zweite Mann

Jivin *indisch-pakistanisch:* Leben spenden

Joachim *hebräisch:* Jahwe (Gott) richtet auf

Joakim skandinavische Form von Joachim

Joan katalanische und skandinavische Form von Johannes; auch als weiblicher Vorname!

João portugiesische Form von Johannes

Joaquim portugiesische Form von Joachim

Joaquin spanische Form von Joachim

Jocey englische Form von Jodokus

Jodokus auch Jodocus, Jodok; Vornamen keltischer Herkunft; von dem bretonischen »jud« = Kampf in der Bedeutung Krieger

Jody auch Jodie; englische Koseformen von Juda oder Jodokus; auch als weibliche Vornamen!

Joe englische Kurzform von Joseph

Joel *hebräisch:* Jahwe ist Gott; auch als weiblicher Vorname!

Johan norwegische und schwedische Form von Johannes

Johannes *hebräisch:* Jahwe (Gott) ist gnädig

John englische und niederdeutsche Kurzform von Johannes

Johnny auch Jonny; englische Koseformen von John; auch als weibliche Vornamen!

Jokim hebräische Kurzform von Joachim

Jokum dänische Kurzform von Joakim

Jonas *hebräisch:* Taube

Jonathan *hebräisch:* Geschenk Jahwes (Gottes)

Jöns schwedische Form von Johannes

Joost niederländische Form von Jodokus

Jöran Nebenform von Göran

Jordaan niederländische Form von Jordan

Jordan *hebräisch:* das Herabfließende; wahrscheinlich ursprünglich *aus dem Germanisch-Althochdeutschen:* Erde und kühn; auch als weiblicher Vorname!

Jorge portugiesische und spanische Form von Georg

Jorgen auch Jörgen; dänische Formen von Georg

Joris niederländische Kurzform von Gregor

Jorma finnische Kurzform von Jeremias

J

K

Joscha ungarische Kurzform von Joseph; auch als weiblicher Vorname!

José spanische und französische Form von Joseph

Joseph auch Josef; *hebräisch:* Jahwe (Gott) schenke Vermehrung

Josèphe französische Form von Joseph

Josias *hebräisch:* (den) Jahwe (Gott) heilt

Josip serbokroatische Form von Joseph

Josse französische Form von Jodokus

Jossel jiddische Kurzform von Joseph

Josua auch Joshua; *hebräisch:* Jahwe (Gott) hilft

Joubert französische Form von Gosbert

Jourdain französische Fom von Jordan

Joyce englische Form von Jodokus; auch als weiblicher Vorname!

Józef polnische Form von Joseph

József ungarische Form von Joseph

Jovan serbokroatische und slowenische Form von Johannes

Juan spanische Form von Johannes

Juda *hebräisch:* der Gepriesene, der Bekenner

Juhani finnische Form von Johannes

Jukka finnische Form von Johannes

Jules französische Form von Julius

Julian erweiterte Form von Julius

Julien französische Form von Julian

Julio spanische Form von Julius

Julius *lateinisch:* aus dem Geschlecht der Julier

Jumah *afrikanisch (swaheli):* der am Freitag Geborene

Jurek polnische Koseform von Jerzy

Jürg niederdeutsche oder schweizerische Kurzform von Georg

Jürgen Kurzform von Georg

Juri slawische Form von Georg

Jurij russische Form von Georg

Jussi finnische Form von Johannes

Jussuf arabisch-türkische Form von Joseph

Juste französische Form von Justus

Justin Kurzform und englische und französische Form von Justinus

Justinus erweiterte Form von Justus

Justo spanische Form von Justus

Justus *lateinisch:* der Gerechte

Kaan türkischer Vorname arabisch-persischer Herkunft: der Anführer

Kabill *türkisch:* eifrig, besessen

Kadir *arabisch:* fähig

Kadri *türkisch:* Macht, Stärke

Kaga *indianisch:* Schreiber

Kahil auch Cahil; *türkisch:* jung, unerfahren

Kai auch Kay; vermutlich keltischer Herkunft; Bedeutung ungeklärt; oder *hawaiisch:* Meer; auch als weiblicher Vorname!

Kaj *dänisch;* Herkunft und Bedeutung ungeklärt; vielleicht aus dem althochdeutschen »kamph« = Kampf, Streit; auch als weiblicher Vorname!

Kalil *arabisch:* guter Freund

Kaliq *arabisch:* Schöpfer

Kalle schwedische Form von Karl

Kálmán ungarische Form von Koloman

Kamal *arabisch:* Vollkommenheit

Kami *indisch-pakistanisch:* der Anhängliche

Kamil *arabisch:* der Vollkommene

Kane *aus dem Irisch-Gälischen:* Tribut; auch *hawaiisch:* Mensch, Mann; auch *japanisch:* der Goldene; auch als weiblicher Vorname!

Kang *koreanisch:* der vom Fluss

Kaniel *hebräisch:* Halm, Binse

Kantu *indisch-pakistanisch:* der Glückliche (anderer Name des Hindu-Gottes Kama)

Kareem Nebenform von Karim

Karel niederländische, dänische und tschechische Form von Karl; auch als weiblicher Vorname!

Karim *arabisch:* der Großzügige

Karis Kurzform von Makarios

Karl auch Carl; *aus dem Althochdeutschen:* freier Mann

Karol polnische Form von Karl

Károly ungarische Form von Karl

Kasib *arabisch:* der Fruchtbare

Kasimir *slawisch:* verkünden und Friede

Kaspar auch Caspar; *persisch:* Schatzbewahrer, Schatzmeister

Kateb *arabisch:* Schreiber

Keane auch Kean; englische Vornamen keltischer Herkunft: Krieg

Kedar *indisch-pakistanisch:* Herr des Berges

Kedem *hebräisch:* der Alte

Kees niederländische Kurzform von Cornelius

Keith englischer Vorname gälischer Herkunft: der vom Schlachtfeld; oder *aus dem Altwalisischen:* der aus dem Wald; ursprünglich schottischer Familienname: Wind

Kelemen ungarische Form von Klemens

Kelii *hawaiisch:* Oberhaupt

Kell *altnordisch:* Quelle

Kelly *aus dem Irisch-Gälischen:* Krieger; auch als weiblicher Vorname!

Kelvin *aus dem Irisch-Gälischen:* der vom nahen Fluss

Kemâl *türkisch:* Vollkommenheit, Vollendung

Ken Kurzform von Kendrick, Kenley, Kennedy, Kenneth, Kent oder Kenway

Kendall *aus dem Altenglischen:* der vom hellen Tal; auch als weiblicher Vorname!

Kendell Nebenform von Kendall

Kendrick *aus dem Altenglischen:* königlicher Herrscher

K

Kenley *aus dem Altenglischen:* der von der königlichen Weide

Kenn *aus dem Altwalisischen:* der vom klaren Wasser

Kennard *aus dem Altenglischen:* der Starke

Kennedy *aus dem Irisch-Gälischen:* behelmter Führer oder Herr; alter schottischer und irischer Clanname

Kenneth englischer Vorname keltischer Herkunft: hübsch, tüchtig, flink

Kent *aus dem Altwalisischen:* der Erleuchtete, der Weiße; oder Kurzform von Kenneth

Kenway *aus dem Altenglischen:* kühner Kämpfer

Kerey *englisch:* Hausvorstand

Kerel *afrikanisch (afrikaans):* junger Mann

Kerim türkische Form von Karim

Kerk Nebenform von Kirk

Kermit angloamerikanischer Vorname keltischer Herkunft: freier Mann

Kern *aus dem Irisch-Gälischen:* der kleine Düstere

Kerry englisch-irischer Vorname keltischer Herkunft: der Finstere; auch als weiblicher Vorname!

Kersen *indonesisch:* Kirschbaum

Kerwen Nebenform von Kerwin

Kerwin *aus dem Irisch-Gälischen:* der Schwarze, der Rabe

Kesar russische Form von Caesar

Kesha russische Form von Kenneth

Kester angloamerikanischer Vorname altenglischer, ursprünglich lateinischer Herkunft: der vom Kastell

Kevin englischer Vorname irischer Herkunft: hübsch, anmutig von Geburt

Khiem *vietnamesisch:* der Bescheidene; auch als weiblicher Vorname!

Khoury *arabisch:* Priester

Kibbe *indianisch:* Nachtvogel

Kilian schottisch-irischer Vorname keltischer Herkunft: Kampf, Krieg; oder der Mann aus der Zelle

Kim englischer Vorname; vermutlich irisch-englische Kurzform von Kimball; auch bulgarische, mazedonische und nordische Kurzform von Joakim; auch *koreanisch:* Gold; auch als weiblicher Vorname!

Kimball angloamerikanischer Vorname altwalisischer Herkunft: Heerführer

Kimberley *aus dem Altenglischen:* der von der Weide des Königspalastes; auch als weiblicher Vorname!

Kin *japanisch:* der Goldene

King *aus dem Altenglischen:* König; auch Kurzform von Kingsley

Kingsley *aus dem Altenglischen:* der vom königlichen Land

Kingston *aus dem Altenglischen:* der aus dem Königshaus

Kinnard *aus dem Irisch-Gälischen:* der vom hohen Berg

Kipp *aus dem Altenglischen:* der vom spitzen Berg

Kiral *türkisch:* König

Kirby angloamerikanischer Vorname altnordischer Herkunft: der vom Kirchendorf; auch als weiblicher Vorname!

Kiriakos *griechisch:* das Sonntagskind

Kiril bulgarische Form von Cyrill

Kiritan *indisch-pakistanisch:* Kronenträger (anderer Name des Hindu-Gottes Vishnu)

Kirk *altnordisch:* der an der Kirche Wohnende

Kirkwood *aus dem Alt-Nordenglischen:* der aus dem Kirchenwald

Kirwin englische Nebenform von Kerwin

Kistur Vorname bei den Sinti und Roma: Kavalier

Kito *afrikanisch (swaheli):* Edelstein

Kiyoshi *japanisch:* Ruhe, Stille

Kizza *afrikanisch:* der nach Zwillingen Geborene

Kjeld *dänisch:* Helm, Kessel

Kjöll schwedische Form von Kjeld

Klemens auch Clemens; Klement; *lateinisch:* der Gütige, Nachsichtige

Kleopas auch Kleophas; *griechisch:* Ruhm und ans Licht bringen

Klodwig auch Klodewig, Chlodwig; *aus dem Althochdeutschen:* laut, berühmt und Kampf, Sieg; neuere Form: Ludwig

Knud auch Knut; *nordisch:* aus edlem Geschlecht; oder keck, freimütig

Koenraad niederländische Form von Konrad

Kolja russische Kurzform von Nikolaus

Koloman auch Coloman; *keltisch:* Mönch, Einsiedler

Konane *hawaiisch:* hell wie das Mondlicht

Kondrat russische Form von Konrad

Kono *indianisch:* einen Kern fressendes Eichhörnchen

Konrad auch Conrad; *aus dem Althochdeutschen:* kühn, tapfer und Rat, Ratgeber

Konstantin auch Constantin; *lateinisch:* der Standhafte

Kontar *afrikanisch (ghanaisch):* einziges Kind

Korkmaz *türkisch:* der stets Furchtlose

Korneel niederländische Kurzform von Cornelius

Kornelius Nebenform von Cornelius

Kort dänische Form von Konrad

Korudon *griechisch:* der Behelmte

Kosta auch Kostadin; südslawische Kurzformen von Konstantin

Kostantin russische Form von Konstantin

Kostas griechische Kurzform von Konstantin

Kostja südslawische und russische Kurzform von Konstantin

K L

Koszta ungarische Form von Konstantin

Kreon *griechisch:* Herrscher

Krishna auch Krischna; indische Vornamen; nach dem indischen Gott Krishna (der Schwarze); oder der Entzückende; auch als weibliche Vornamen!

Krispijn niederländische Form von Crispin

Kriss amerikanische und lettische Kurzform von Christoph

Krister schwedische Form von Christian

Kristian amerikanische, russische und schwedische Form von Christian

Kristján isländische Form von Christian

Kristo griechische Kurzform von Christoph

Kristof nordische Form von Christoph

Kristoffer dänische Form von Christoph

Kronos *griechisch:* Vollender

Kruin *afrikanisch:* Berggipfel; oder Baumspitze

Krysztof polnische Form von Christoph

Kumi *afrikanisch (ghanaisch):* der Starke; auch als weiblicher Vorname!

Kuper *jiddisch:* (Farbe von) Kupfer

Kuzih *indianisch:* großer Redner

Kwako *afrikanisch (ghanaisch):* der am Mittwoch Geborene; auch als weiblicher Vorname!

Kwamin *afrikanisch:* der am Samstag Geborene; auch als weiblicher Vorname!

Kwan *koreanisch:* stark

Kwesi *afrikanisch:* der am Sonntag Geborene

Kyle *aus dem Irisch-Gälischen:* der von der Meerenge; oder der Schöne; auch als weiblicher Vorname!

Kyne *aus dem Altenglischen:* der Königliche

Kyrill Nebenform von Cyrill

Laci ungarische Kurzform von László

Ladek polnische Kurzform von Ladislaus

Ladislao italienische Form von Ladislaus

Ladislaus latinisierte Form von Wladislaw

Lado südslawische Kurzform von Ladislaus; auch *afrikanisch:* der Zweitgeborene

Lais *indisch-pakistanisch:* Löwe

Lajos ungarische Form von Ludwig

Lâmi türkischer Vorname arabischer Herkunft: der Glänzende

Lander *aus dem Mittelenglischen:* Wäscher; oder Besitzer des Graslands

Landor auch Landers; englische Nebenformen von Lander

Langdon *aus dem Altenglischen:* der bei dem langen Hügel Wohnende

Langundo *indianisch:* friedlich
Lani *hawaiisch:* Himmel; auch als weiblicher Vorname!
Larissos neugriechische männliche Form von Larissa
Larry englische Kurzform von Lawrence
Lars schwedische Kurzform von Laurentius
Lary englische Kurzform von Hilarius
Lasse schwedische Kurzform von Laurentius
László ungarische Form von Ladislaus
Latif *arabisch:* nett
Laurel englische Koseform von Laurentius; auch als weiblicher Vorname!
Laurence englische Form von Laurentius; auch als weiblicher Vorname!
Laurens schwedische und niederländische Form von Laurentius
Laurent französische Form von Laurentius
Laurentius *lateinisch:* der aus (der Stadt) Laurentium; auch als der Lorbeergeschmückte gedeutet
Laurids dänische Form von Laurentius
Laurie auch Lauri; englische Koseformen von Laurentius; Lauri auch finnische Kurzform von Laurentius; auch als weibliche Vornamen!
Laurits schwedische Form von Laurentius
Lauro *italienisch:* Lorbeer
Lavrans norwegische Form von Laurentius
Lavranz schwedische Form von Laurentius
Lawrence englische Form von Laurentius
Lawrenti russische Form von Laurentius
Lázár ungarische Form von Lazarus
Lazare französische Form von Lazarus
Lazarus auch Lazar; lateinische Form des hebräischen »eleasar« = Gott hilft
Lazzaro italienische Form von Lazarus
Léandre französische Form von Leandros
Leandro italienische Form von Leandros
Leandros *griechisch:* Mann des Volkes
Learco italienischer Vorname griechischer Herkunft: Löwe und Oberhaupt
Lee angloamerikanischer Vorname; Herkunft und Bedeutung unsicher; vielleicht *aus dem Irisch-Gälischen:* anmutig; oder *aus dem Altenglischen:* der vom Weideland Stammende; auch als weiblicher Vorname!
Lei *chinesisch:* Donner
Leif *nordisch:* Sohn; oder Erbe
Lekeke *hawaiisch:* mächtiger Herrscher

Lemuel *hebräisch:* Gott geweiht
Len englische Kurzform von Leonhard
Lenardo italienische Form von Leonhard
Lennart niederdeutsche und schwedische Nebenform von Leonhard
Lenno *indianisch:* Mann
Lenny englische Koseform von Leonard
Lenz österreichische und südslawische Form von Leonhard oder Laurentius
Leo *lateinisch:* Löwe; auch Kurzform von Leopold oder Leonhard
Léon französische Form von Leo; auch Kurzform von Léonard
Leonard englische Form von Leonhard
Léonard französische Form von Leonhard
Leonardo italienische Form von Leonhard
Leone italienische Form von Leo; auch als weiblicher Vorname!
Leonhard Zusammensetzung aus dem lateinischen »leo« = Löwe und dem althochdeutschen »harti« = hart, stark, kühn
Leonid russische Form von Leonidas
Leonidas *griechisch:* der Löwengleiche, Löwenstarke
Leopold auch Luitpold; Leupold; *aus dem Althochdeutschen:* Volk und kühn
Léopold französische Form von Leopold
Leopoldo italienische Form von Leopold
Lesley Nebenform von Leslie; auch als weiblicher Vorname!
Leslie englischer und französischer Vorname; ursprünglich ein Familienname; auch als weiblicher Vorname!
Lester englischer Vorname; Bedeutung ungeklärt; ursprünglich Familienname zum Ortsnamen Leicester; vielleicht *aus dem Lateinischen:* der aus dem Legionärslager
Leszek polnische Kurzform von Alexander
Levent *türkisch:* der Große und gut Aussehende
Levi *hebräisch:* anhänglich, (dem Bund) zugetan
Lew russische und polnische Form von Leo
Lewis englische Form von Ludwig
Li *chinesisch:* schön; auch als weiblicher Vorname!
Liang *chinesisch:* gut
Libero *italienisch:* der Freie
Liberty *englisch:* frei; auch als weiblicher Vorname!
Like *chinesisch:* unter dem Schutz Buddhas
Lindsay *aus dem Altenglischen:* der von der Insel der Lindenbäume; auch als weiblicher Vorname!
Linford *aus dem Altenglischen:* der von der Lindenbaumfurt
Linnart schwedische Nebenform von Lennart

Lino italienische Form von Linus
Linus *griechisch:* Klagegesang
Lion alte Form von Léon
Lionardo italienische Form von Leonhard
Lionel englische und italienische Verkleinerungsform von Lion
Lisandro italienische Form von Lysander
Liu *afrikanisch:* Stimme
Livio italienische Form von Livius
Livius *lateinisch:* aus dem römischen Geschlecht der Livier
Liwanu *indianisch:* brummender Bär
Ljubomir *slawisch:* Liebe und Friede
Lloyd *aus dem Altwalisischen:* der Grauhaarige
Lodewik niederdeutsche und niederländische Form von Ludwig
Lodovico italienische Form von Ludwig
Lonato *indianisch:* Feuerstein
Lorenzo italienische und spanische Form von Laurentius
Loretto männliche Form von Loretta; auch auf den Wallfahrtsort Loreto bezogen
Lörinc auch Lörinci; ungarische Formen von Laurentius
Loris italienische und schweizerische Kurzform von Laurentius; auch als weiblicher Vorname!
Lou Kurzform von Louis; auch als weiblicher Vorname!
Louis französische Form von Ludwig
Lovell *aus dem Altenglischen:* der kleine Geliebte; oder *aus dem Altfranzösischen:* kleiner Wolf
Lowik niederländische Form von Ludwig
Lu Kurzform von Vornamen, die mit »Lud-« (vom althochdeutschen »hlûd« = berühmt) zusammengesetzt sind; auch als weiblicher Vorname!
Luc französische Kurzform von Lukas; auch als weiblicher Vorname!
Luca romanische Kurzform von Lukas; auch als weiblicher Vorname!
Lucian auch Lucianus; erweiterte Formen von Lucius
Luciano italienische Form von Lucian
Lucien französische Form von Lucian
Lucio italienische Form von Lucius
Lucius auch Luzius; *lateinisch:* der bei Tagesanbruch Geborene
Ludivic rätoromanische Form von Ludwig
Ludovico italienische Form von Ludwig
Ludvig rätoromanische und schwedische Form von Ludwig
Ludvik tschechische Form von Ludwig
Ludwig *aus dem Althochdeutschen:* berühmt und Kampf; neuere Form von Klodwig
Luigi italienische Form von Ludwig und Alois

L M

Luis spanische und rätoromanische Form von Ludwig

Luiz spanische Form von Ludwig

Lukácz ungarische Form von Lukas

Lukarz polnische Form von Lukas

Lukas auch Lucas; *lateinisch:* der aus (dem italienischen) Lucania Stammende

Lulani *hawaiisch:* höchster Punkt im Himmel; auch als weiblicher Vorname!

Lyn *aus dem Altwalisischen:* der vom Wasserfall; auch als weiblicher Vorname!

Lyonel amerikanische Form von Leo

Lysander *griechisch:* der Freigelassene

Maans nordische Form von Magnus

Maart auch Maarten; niederländische Formen von Martin

Mac *aus dem Schottisch-Gälischen:* Sohn

Macaire französische Form von Makarios

Macarius lateinische Nebenform von Makarios

Maciej polnische Form von Matthias

Magnar norwegische Neubildung aus Magnus

Magnus *lateinisch:* der Große

Mahir türkischer Vorname arabischer Herkunft: der Geschickte

Mahomet türkische Form von Mohammed

Maimun *arabisch:* glücklich

Maitland *aus dem Altenglischen:* Bewohner des Weidelands

Makani *hawaiisch:* Wind; auch als weiblicher Vorname!

Makarios *griechisch:* reich, glücklich

Malcolm *aus dem Schottisch-Gälischen:* Anhänger der Gemeinde von St. Columba

Maloney *aus dem Irisch-Gälischen:* der den Sonntag Heiligende

Malte dänischer Vorname; vielleicht Kurzform von Helmold oder Helmwald

Malwin *aus dem Althochdeutschen:* Gerichtsplatz, Rat und Freund

Mamo *hawaiisch:* Safran; oder gelber Vogel; auch als weiblicher Vorname!

Manchu *chinesisch:* rein

Manco *indianisch:* König

Mango auch Manko; bulgarische Koseformen von Emanuel; Mango auch spanische Form von Emanuel

Manning *aus dem Altenglischen:* Sohn des Helden

Manolito spanische Verkleinerungsform von Manolo

Manolo italienische und spanische Koseform von Emanuel

Mansa *afrikanisch:* König

Manu Kurzform von Emanuel; auch *afrikanisch (ghanaisch):* der Zweitgeborene

Manuel Kurzform von Emanuel

Manuele italienische Form von Manuel

Marald *aus dem Althochdeutschen:* Pferd und walten, herrschen

Marc Kurzform von Vornamen, die mit »Mark-« zusammengesetzt sind; auch französische Form von Markus

Marcel französische Form von Marcellus; auch als weiblicher Vorname!

Marcello italienische Form von Marcellus

Marcellus erweiterte Form von Marcus

Marcin polnische Form von Martin

Marco italienische und spanische Form von Markus

Marcus lateinische Form von Markus

Marek slawische Form von Markus

Marelcek slawische Form von Markus

Marin Nebenform und französische Form von Marinus

Marinello Koseform von Marino

Marino italienische Form von Marinus

Marinus *lateinisch:* der am Meer Lebende

Mario italienische Form von Marius

Mariolino Koseform von Mario

Marius *lateinisch:* vom altrömischen Geschlecht der Marier; oder der Mann vom Meer

Markus auch Marcus; *lateinisch:* dem Kriegsgott Mars geweiht; oder Sohn des Mars

Marlon englischer Vorname; Bedeutung und Herkunft ungeklärt; vielleicht englisch-italienische Kurzform von Marlow oder von Merlin

Marlow *aus dem Altenglischen:* der vom Hügel am See

Marnin *hebräisch:* er bringt Glück; oder er singt

Martainn schottische Form von Martin

Martijn niederländische Form von Martin

Martin auch Martinus; *lateinisch:* dem Kriegsgott Mars geweiht; oder Sohn des Mars

Martino spanische und italienische Form von Martin

Mártoni ungarische Form von Martin

Marv englische Koseform von Marvin

Marvin englische Form von Marwin

Marwin *aus dem Althochdeutschen:* berühmt und Freund

Marwood *aus dem Altenglischen:* der vom Seewald

Masetto italienische Verkleinerungs- und Koseform von Thomas

Masino italienische Koseform von Thomas

Maska *indianisch:* mächtig

Maso italienische Kurzform von Thomas

Massimiliano italienische Form von Maximilian

Massimo italienische Form von Maximus

Mat auch Matty; englische Kurz- und Koseformen von Mathew; auch als weibliche Vornamen!

Máté ungarische Form von Matthias

Mateusz polnische Form von Matthäus

Mathew englische Form von Matthias

Mathieu französische Form von Matthäus oder Matthias

Matias portugiesische und spanische Form von Matthias

Mato *indianisch:* tapfer

Matope *afrikanisch (rhodesisch):* er wird das letzte Kind sein

Mats auch Mads; schwedische Kurzformen von Matthias

Matteo italienische Form von Matthäus oder Matthias

Matthäus Nebenform von Matthias

Matthias *hebräisch:* Gottesgeschenk

Matti finnische Form von Matthias

Mattia italienische Form von Matthias

Maurelius lateinische Verkleinerungsform von Maurus

Maurice französische und englische Form von Mauritius

Mauricio spanische Form von Mauritius

Mauritius erweiterte Form von Maurus

Maurits niederländische Form von Mauritius

Maurizio italienische Form von Mauritius

Mauro italienische Form von Maurus

Maurus *lateinisch:* der Mohr, der Maure

Maxence französische Form von Maxentius

Maxentius *lateinisch:* der Große, Erhabene

Maxime französische Form von Maximus

Maximilian *lateinisch:* aus dem Geschlecht des Maximus

Maximilien französische Form von Maximilian

Maximo spanische Form von Maximus

Maximus *lateinisch:* der Größte

Maxwell *aus dem Altenglischen:* große Quelle

Mehmet türkische Form von Mohammed

Mehtar *indisch-pakistanisch:* Prinz

Meinhard *aus dem Althochdeutschen:* Kraft, Macht und hart, stark, kühn

Meinrad *aus dem Althochdeutschen:* Kraft, Macht und Rat, Ratgeber

Meir auch Meijer; *hebräisch:* der Leuchtende

Melchior *hebräisch:* Gott ist König (des Lichts)

Melih türkischer Vorname arabischer Herkunft: der die Schönheit besitzt
Melvin englische Form von Malwin
Memnun türkischer Vorname arabischer Herkunft: der Dankbare
Menachem *hebräisch:* Tröster
Menard niederdeutsche und französische Nebenform von Meinhard
Meo italienische Kurzform von Bartolomeo
Merce englische Nebenform von Mercer
Mercer *aus dem Mittelenglischen:* Kaufmann
Meredith *aus dem Altwalisischen:* großer Führer; oder Wächter; auch als weiblicher Vorname!
Merlin *aus dem Mittelenglischen:* Falke; auch als weiblicher Vorname!
Merten rheinisch-niederländische Form von Martin
Mervin englische Nebenform von Marvin
Micha Kurzform von Michaja; auch als Kurzform von Michael aufgefasst; auch als weiblicher Vorname!
Michael *hebräisch:* wer ist wie Gott?; im Englischen auch als weiblicher Vorname!
Michail russische Form von Michael
Michaja *hebräisch:* wer ist wie Jahwe (Gott)?
Micheil schottische Form von Michael
Michel Kurzform und französische Form von Michael
Michele italienische Form von Michael
Michiel niederländische Form von Michael
Mickel schwedische Form von Michael
Miguel spanische und portugiesische Form von Michael
Mihai rumänische Form von Michael
Mihal polnische Form von Michael
Mihály ungarische Form von Michael
Mikael schwedisch-norwegische Form von Michael
Mikal auch Mikkel; dänische und schwedische Kurzformen von Michael
Mike englische Kurz- und Koseform von Michael; auch als weiblicher Vorname!
Miklas slawische Nebenform von Nikolaus
Miklós ungarische Form von Nikolaus
Mikola auch Mikolas; slawische Formen von Nikolaus
Mikosch slawische Form von Nikolaus
Mikulas slawische Form von Nikolaus
Milan Kurzform von Miloslaw; auch slawische Form von Emil
Miles englischer Vorname lateinischer Herkunft: Krieger

Milko Kurz- und Koseform von Miloslaw

Milo slawische Kurzform von Bogumil, Camillus, Emil oder Miloslaw

Miloslaw *slawisch:* lieb, angenehm und Ruhm, Ehre

Miltaiye *indianisch:* aufgewühltes Wasser

Mingan *indianisch:* grauer Wolf

Mingo Kurzform von Domingo

Minja Kurzform von Michail; auch als weiblicher Vorname!

Mino italienische Kurzform von Giacomino oder Guglielmino

Mirek slawische Kurzform von Jaromir oder Miroslaw

Mirko Kurzform und slawische Form von Miroslaw

Miroslaw *slawisch:* Friede und Ruhm, Ehre

Mischa russische Kurzform von Michael

Misu *indianisch:* gekräuseltes, bewegtes Wasser

Mitja russische Kurzform von Dimitri

Modest auch Modestus; *lateinisch:* der Bescheidene, Sanftmütige

Modesto englische und italienische Form von Modest

Mohammed *arabisch:* gepriesen

Moise französische Form von Mose

Moisei bulgarische Form von Mose

Moisés spanische Form von Mose

Mojag *indianisch:* niemals still (für ein häufig schreiendes Kind)

Montague englischer Vorname; ursprünglich Familienname; *aus dem Französischen:* Bewohner des Berggipfels

Montgomery englischer Vorname; ursprünglich Familienname; *aus dem Altfranzösischen:* von des Wohlhabenden Schloss

Monty englische Koseform von Montague oder Montgomery

Moreno *italienisch:* der Finstere, der Schwarze

Morgan englischer Vorname keltischer Herkunft: zum Meer gehörig, auf See geboren; oder groß und strahlend; auch als weiblicher Vorname!

Moric tschechische Form von Mauritius

Moricz ungarische Form von Mauritius

Morris englische Form von Mauritius

Morrison *aus dem Altenglischen:* der Sohn von Maurice

Mort auch Mortie; englische Koseformen von Mortimer oder Morton

Morten dänische und norwegische Form von Martin

Mortimer englischer Vorname, ursprünglich Familienname; vom französischen Ort Mortemer (vom ruhigen Wasser) in der Normandie; oder *aus dem Gälischen:* Meereskundiger

Morton *aus dem Altenglischen:* der von der Stadt am Moor

Mose auch Moses; *hebräisch:* ägyptisches Kind; oder aus dem Wasser gezogen

Mosi *afrikanisch (swaheli):* der Erstgeborene

Motega *indianisch:* neuer Pfeil

Mozes niederländische Form von Mose

Muhamed auch Muhammed, Muhammad; Nebenformen von Mohammed

Mundan *afrikanisch (rhodesisch):* Garten

Muraco *indianisch:* weißer Mond

Murillo spanische Form von Maurelius

Murrey *aus dem Schottisch-Gälischen:* Seekrieger; oder der aus den Nähe des Meeres

Mustafa *aus dem Arabischen:* der achte Stamm und der Auserwählte (Beiname des Propheten Mohammed)

Nabil *arabisch:* edel, vornehm

Nabor *hebräisch:* Prophet des Lichts

Nadim *arabisch:* Zechgenosse, Freund, Vertrauter

Nafi türkischer Vorname arabischer Herkunft: der Nützliche, der Wertvolle (ursprünglich Beiname Allahs)

Nagid *hebräisch:* Herscher; oder Prinz

Nahele *hawaiisch:* Wald

Nahma *indianisch:* Stör

Nahum *hebräisch:* Tröster, trostreich (ist Gott)

Namid *indianisch:* Sternentänzer

Namik türkischer Vorname arabischer Herkunft: der Schreiber

Namir *hebräisch:* Leopard

Nandin *indisch-pakistanisch:* Zerstörer (anderer Name des Hindu-Gottes Shiva)

Nándor ungarische Form von Ferdinand

Narciso italienische Form von Narziß

Narcisse französische Form von Narziß

Narziß *griechisch:* Narzisse

Nasir türkischer Vorname arabischer Herkunft: der Helfer

Nasser *arabisch:* siegreich

Nat englische Kurz- und Koseform von Nathanael oder Jonathan

Natalis *lateinisch:* der zu Weihnachten Geborene

Nathanael *hebräisch:* (den) Gott gibt (gab)

Nathaniel englische Nebenform von Nathanael

Nawat *indianisch:* linke Hand

Nayati *indianisch:* der Ringer

Neacail schottische Form von Nikolaus

Neal Nebenform von Neil

Nealson englische Nebenform von Nelson

Necat türkischer Vorname arabischer Herkunft: der Retter

Ned englische Kurzform von Edward

N

Neil englischer Vorname gälischer Herkunft: Wolke; oder leidenschaftlich; oder Meister

Nejat türkischer Vorname persischer Herkunft: Herkunft, Abstammung

Nelson *englisch:* Niels (Kurzform von Cornelius; dänische Form von Nils) oder Neils Sohn

Nepomuk *slawisch:* der Mann aus Pomuk (Ort in Böhmen)

Nestor *griechisch:* der immer Zurückkehrende

Netis *indianisch:* guter Freund; auch als weiblicher Vorname!

Nibaw *indianisch:* ich stehe auf

Nic italienische Kurzform von Niccolò

Niccolò italienische Form von Nikolaus

Nicholas englische Form von Nikolaus

Nick englische Kurz- und Koseform von Nikolaus

Nico italienische Kurz- und Koseform von Niccolò oder Nicola; auch als weiblicher Vorname!

Nicola italienische Form von Nikolaus; auch als weiblicher Vorname!

Nicolaas niederländische Form von Nikolaus

Nicolas französische und englische Form von Nikolaus

Nicolás spanische Form von Nikolaus

Niels Kurzform von Cornelius; dänische Form von Nils

Nigel angloamerikanischer Vorname lateinischer Herkunft: der Finstere

Nihad *arabisch:* Naturell

Nik russische Kurzform von Nikolai

Nikita russische Koseform von Nikolai

Nikolai auch Nikolaj, Nicolai; russische Formen von Nikolaus

Nikolaus *griechisch:* Sieg und Volksmenge

Nils schwedische Kurzform von Nikolaus

Nino italienische Verkleinerungsform von Giovanni

Noah *hebräisch:* Ruhebringer

Nodin *indianisch:* Wind

Noël französische Form von Natalis

Nolik russische Kurzform von Anatolij

Norman angloamerikanischer Vorname althochdeutscher und schwedischer Herkunft: Mann aus dem Norden

Noton *indianisch:* Wind

Numair *arabisch:* Panter

Nuri *hebräisch:* Feuer; oder *arabisch:* der Zigeuner; auch als weiblicher Vorname!

Nuria *hebräisch:* Feuer Gottes; auch als weiblicher Vorname!

Nuru *afrikanisch (swaheli):* Licht

Nusair *arabisch:* Geier

Nwa *afrikanisch (nigerianisch):* Sohn

Nye *aus dem Mittelenglischen:* Inselbewohner; oder *aus dem Walisischen:* Ehre; oder Gold

O

Oberon englische Form und Nebenform von Alberich
Oberto italienische Form von Hubert
Octave französische Form von Octavius
Octavien französische Form von Octavius
Octavio italienische und spanische Form von Octavius
Octavius *lateinisch:* aus dem römischen Geschlecht der Octavier; auch das achte Kind
Odi schweizerische Kurzform von Adam
Odin *nordisch:* der Rasende (der Vorname des germanischen Gottes Odin = Wotan)
Odion *afrikanisch (nigerianisch):* erstgeborener Zwilling
Odo englische Form von Otto
Odoardo italienische Nebenform von Edward
Odon schwedische Form von Odin
Ödön ungarische Form von Edmund
Ogden *aus dem Altenglischen:* der aus dem Eichental
Ogier französische Form von Edgar
Ohin *afrikanisch:* Führer
Okon *afrikanisch:* der in der Nacht Geborene
Ola norwegische Form von Olaf
Olaf auch Olav; *nordisch:* Erbe, Nachkomme des Vorvaters
Olcay türkischer Vorname arabischer Herkunft: Glück; auch als weiblicher Vorname!
Olderico italienische Form von Ulrich
Ole Kurzform von Vornamen, die mit »Ul-«, »Od-« oder »Ol-« zusammengesetzt sind; auch dänische Kurzform von Olaf
Oleg russische Form von Helge
Oliver englischer Vorname; von dem nordischen »Olafr«, »Oleifr«, alten Formen von Olaf; der französische Vorname Olivier (vom altfranzösischen »olif« = Olivenzweig und »olivier« = Olivenbaum) verdrängte die nordischen Vornamen
Olivier französische Form von Oliver
Oliviero italienische Form von Oliver
Olof schwedische Form von Olaf
Olrik Nebenform von Adalrich
Oluf dänische Form von Olaf
Olufemi *afrikanisch (nigerianisch):* Gott liebt mich
Olujimi *afrikanisch (nigerianisch):* Gott hat mir dies gegeben
Olukayode *afrikanisch (nigerianisch):* Gott bringt mir Glück
Olushegun *afrikanisch (nigerianisch):* Gott ist der Sieg
Olushola *afrikanisch (nigerianisch):* Gott hat mich gesegnet
Omar *arabisch:* der Höchste, der Erstgeborene
Ömer türkische Form von Omar
Ondra russische Form von Andreas
Onfroi französische Form von Humfried

O P

Onofré spanische Form von Humfried

Onofredo italienische Form von Humfried

Onorio italienische Form von Honorius

Onur türkischer Vorname französischer Herkunft: Stolz, Ehre

Oran *aus dem Irisch-Gälischen:* der Hellhäutige; oder englische Nebenform von Oren

Orbán ungarische Form von Urban

Orell schweizerische Form von Aurel

Oren *hebräisch:* Kiefer; oder englische Nebenform von Oran

Orion *griechisch:* Sohn des Feuers, Sohn des Lichts

Orlando italienische Form von Roland

Oro *spanisch:* der Goldene

Orson angloamerikanischer Vorname; *aus dem Altenglischen:* Sohn des Speerträgers; oder *aus dem Altfranzösischen:* kleiner Bär

Orunjan *afrikanisch (nigerianisch):* der Gott der Mittagssonne

Osman türkisch; zu einem arabischen Eigennamen; auch englische Form von Osmund

Osmond französische Form von Osmund

Osmund *aus dem Althochdeutschen:* Gott und Schutz, Schützer

Ossip russische Form von Joseph

Ota tschechische Nebenform von Otto; auch als weiblicher Vorname!

Othon französische Form von Otto

Otto Kurzform von Vornamen, die mit »Ot-« oder »Od-« (vom althochdeutschen »ot« = Besitz, Erbgut) zusammengesetzt sind

Ottone italienische Form von Otto

Ottorino italienische erweiterte Form von Otto

Ouray *indianisch:* Pfeil

Ove schwedische Form von Uwe

Owen englische Form von Eugen oder Evan

Paavo finnische Form von Paul

Pablo spanische Form von Paul

Paco spanische Koseform von Franziskus; auch *indianisch:* Weißkopf-Seeadler

Paddy englische Kurz- und Koseform von Patrick

Page *englisch und französisch:* junger Begleiter; auch als weiblicher Vorname!

Paki *afrikanisch:* Zeuge

Pako baskische Koseform von Franziskus

Pál ungarische Form von Paul

Pall isländische Form von Paul

Palmiro *italienisch;* von Palmsonntag hergeleitet

Pancho spanische Koseform von Franziskus

Paolo italienische Form von Paul

Pär schwedische Form von Peter

Parlan schottische Form von Bartholomäus

Parrish *aus dem Mittelenglischen:* der aus dem Kirchenbezirk
Pars türkischer Vorname persischer Herkunft: der Leopard
Parsifal auch Parzival; von dem altfranzösischen »Perceval« = Taldurchstreifer
Pascal französische Form von Paschalis
Paschalis *lateinisch:* österlich, der zum Osterfest Gehörige
Pascual spanische Form von Paschalis
Pasquale italienische Form von Paschalis
Pat englische Kurzform von Patrick; auch als weiblicher Vorname!
Patrice französische Form von Patricius; auch als weiblicher Vorname!
Patricius auch Patrizius; *lateinisch:* der Adlige, der Patrizier
Patrick irisch-englische Form von Patricius
Patrico italienische Form von Patricius
Patsy englische Koseform von Patrick; auch als weiblicher Vorname!
Patwin *indianisch:* Mann
Paul vom lateinischen »Paulus« = der Kleine
Pavel tschechische Form von Paul
Pawel polnische und russische Form von Paul
Payat *indianisch:* er kommt
Paye türkischer Vorname persischer Herkunft: Würde; auch als weiblicher Vorname!
Payne angloamerikanischer Vorname lateinischer Herkunft: Dorfbewohner, Landbewohner
Peadar irische Form von Peter
Peder rätoromanische und dänische Form von Peter
Pedro spanische Form von Peter
Peer nordische Form von Peter
Pekka finnische Koseform von Peter
Pelin *türkisch:* Wermutpflanze; auch als weiblicher Vorname!
Pelle schwedische Lallform von Peter
Pellegrino italienische Form von Peregrinus
Pepablo spanische volkstümliche Verkürzung der beiden Namen Pedro (Peter) und Pablo (Paul)
Pepe spanische Kurz- und Koseform von Joseph
Pepito Verkleinerungsform von Pepe
Per schwedische Kurzform von Peter
Percy englische Kurzform von Parsifal
Pérégrin französische Form von Peregrinus
Peregrinus *lateinisch:* der Fremde, der Reisende
Pérez spanische Form von Peter
Perino italienische Koseform von Pero
Pero italienische Kurzform von Piero
Perry englische Kurz- und Kose-

P Q

form von Peregrinus; oder von dem altfranzösischen »Pierrey« = kleiner Peter; auch als weiblicher Vorname!

Pertev türkischer Vorname persischer Herkunft: Licht, Glanz; auch als weiblicher Vorname!

Pes slawische Kurzform von Peter

Petar bulgarische Form von Peter

Pete englische Kurzform von Peter

Peter *griechisch:* Fels, Stein

Petko bulgarische Form von Peter

Petö ungarische Form von Peter

Petr tschechische und russische Form von Peter

Petronius *lateinisch:* zum altrömischen Geschlecht der Petronier gehörend; ursprünglich vom griechischen »petros« = Fels

Phelan *aus dem Irisch-Gälischen:* kleiner Wolf

Phil englische Kurz- und Koseform von Philip

Philip englische Form von Philipp

Philipp *griechisch:* der Pferdefreund

Philippe französische Form von Philipp; auch als weiblicher Vorname!

Philippos neugriechische Form von Philipp

Pier italienische und niederländische Nebenform von Peter

Piero italienische Form von Peter

Pierre französische Form von Peter

Piet auch Pieter; niederländische und niederdeutsche Formen von Peter

Pietari finnische Form von Peter

Pietro italienische Form von Peter

Pilar *spanisch:* Pfeiler, Säule; auch als weiblicher Vorname!

Pili *afrikanisch (swaheli):* der Zweitgeborene

Pilib irische Form von Philipp

Pinar *türkisch:* Quelle; auch als weiblicher Vorname!

Pinkas *hebräisch:* der Mohr

Pinkus Nebenform von Pinkas; oder *hebräisch:* der Gesegnete

Pio italienische und spanische Form von Pius

Piotr polnische Form von Peter

Pit auch Pitt; englische Kurzformen von Peter

Pius *lateinisch:* der Fromme

Pjotr russische Form von Peter

Placido spanische Form von Placidus

Placidus *lateinisch:* sanft, friedlich

Poul dänische Form von Paul

Poyraz türkischer Vorname griechischer Herkunft: Nordostwind

Pramod *indisch-pakistanisch:* Jubel

Prem *indisch-pakistanisch:* Liebe

Price *aus dem Altwalisischen:* Sohn des Leidenschaftlichen

Prosper *lateinisch:* der Glückliche

Prospero italienische Form von Prosper

Pryce englische Nebenform von Price

Qabil *arabisch:* begabt, fähig

Qadir Nebenform von Kadir

Quentin englische und französische Form von Quintin

Quillan *aus dem Irisch-Gälischen:* Junge

Quinlan *aus dem Irisch-Gälischen:* der Wohlgestaltete

Quinn *aus dem Irisch-Gälischen:* der Weise

Quintin erweiterte Form von Quintus

Quintus *lateinisch:* der Fünfte

Quirinus *lateinisch:* der Lanzenträger, Krieger; oder der Mann aus Quirinum

Quito spanische Form von Quintus

Radek russische Kurzform von Radomil

Radenko südslawische Kurzform von Vornamen, die mit dem slawischen »rad-« = Freude zusammengesetzt sind

Radolf auch Radulf, Radlof; *aus dem Althochdeutschen:* Rat, Ratgeber und Wolf

Radomil *slawisch:* Freude und lieb, angenehm

Raffaele italienische Form von Raphael

Raffaello italienische Form von Raphael

Rafi auch Raffin; *arabisch:* loben, preisen; Rafi auch spanische Kurzform von Raphael

Ragnar nordische Form von Rainer, Koseform von Reinhard

Rahman *arabisch:* der Allbarmherzige (Beiname Allahs)

Raiden *japanisch:* Gott des Donners

Raimondo italienische Form von Raimund

Raimund auch Reimund; *aus dem Althochdeutschen:* Rat, Ratschluss und Schutz

Rainer auch Reiner; *aus dem Althochdeutschen:* Rat, Ratschluss und Heer

Raini *indianisch:* Schöpfer (Name eines Gottes)

Rainier französische Form von Rainer

Rami *arabisch:* der Bogenschütze

Ramón spanische Form von Raimund

Randal englische Form von Randolf

Randi auch Randy; Koseformen von Randolf; auch als weibliche Vornamen!

Randolf auch Randulf; *aus dem Althochdeutschen:* Schild und Wolf

Randolph englische Form von Randolf

Ranen englische Nebenform von Ranon

Ranko *slowenisch:* früh

Ranon *hebräisch:* singen, fröhlich sein

Rasim türkischer Vorname arabischer Herkunft: der Zeichnende

Rasin türkischer Vorname arabischer Herkunft: widerstandsfähig

R

Raoul französische Form von Radolf

Raphael *hebräisch:* Gott heilt

Rauf *arabisch:* gütig, gnädig (Beiname Allahs)

Raúl spanische Form von Radolf

Raviv *hebräisch:* Regen; oder Tau

Ray englische Kurz- und Koseform von Raimund

Rayhan *arabisch:* von Gott bevorzugt

Raymond französische und englische Form von Raimund

Reamonn irische Form von Raimund

Refet Nebenform von Rauf

Refik türkischer Vorname arabischer Herkunft: Freund, Kamerad

Regan *aus dem Irisch-Gälischen:* der von dem kleinen König Abstammende; auch als weiblicher Vorname!

Reginald alte Form von Reinold

Regino Kurzform von Reginald

Regis Kurzform und englische und französische Form von Remigius

Régnier französische Form von Rainer

Reinaert niederländische Form von Reinhard

Reinhard *aus dem Althochdeutschen:* Rat, Ratschluss und hart, stark, kühn

Reinold *aus dem Althochdeutschen:* Rat, Ratschluss und walten, herrschen

Reku finnische Kurzform von Richard

Remi auch Remy; französische Kurzformen von Remigius

Remigius *lateinisch:* der Ruderer

Remo italienischer Vorname lateinischer Herkunft (Remus ist einer der sagenhaften Gründer Roms)

Renard französische Form von Reinhard

Renato italienische Form von Renatus

Renatus *lateinisch:* der Wiedergeborene

Renaud auch Renault; französische Formen von Reinold

René französische Form von Renatus

Renja russische Kurzform von Andrej; auch als weiblicher Vorname!

Reno italienische Kurzform von Renatus

Renzo italienische Kurz- und Koseform von Lorenzo

Resmi türkischer Vorname arabischer Herkunft: feierlich

Resul türkischer Vorname arabischer Herkunft: Prophet, Gesandter Allahs

Rex englische Kurz- und Koseform von Reginald; auch vom lateinischen »rex« = König her gedeutet

Reynold englische Form von Reinold

Rezsö ungarische Form von Rudolf

Ricard französische Form von Richard

Ricardo englische und spanische Form von Richard

Riccardo italienische Form von Richard
Ricci auch Ricco; Kurzformen von Riccardo
Richard *aus dem Althochdeutschen:* reich, mächtig und hart, stark, kühn
Rick auch Ricky; englische Kurzformen von Richard
Rickard schwedische und englische Form von Richard
Rickward *aus dem Altenglischen:* mächtiger Wächter
Rico italienische Koseform von Enrico oder Riccardo
Rienzo italienische Kurzform von Laurentius
Rihardos griechische Form von Richard
Rik niederländische Kurzform von Frederik oder Hendrik
Rikdag *nordisch:* Fürst und Tag
Riley *aus dem Irisch-Gälischen:* der Kriegerische
Rimon *hebräisch:* Granatapfel
Rinaldo italienische Form von Reinold
Ringo englische Kurzform von Ringolf; auch *japanisch:* Apfel
Ringolf *aus dem Althochdeutschen:* Rat und Wolf
Rino Kurzform von Regino; auch italienische Kurzform von Rinaldo oder Marino
Riobard irische Form von Robert
Riocard irische Form von Richard
Riordan *aus dem Irisch-Gälischen:* königlicher Dichter, Barde
Risto finnische Kurzform von Christoph
Roald norwegische Form von Rodewald
Roar skandinavische Form von Rüdiger
Rob auch Robby; englische Kurzformen von Robert; Robby auch als weiblicher Vorname!
Robert *aus dem Althochdeutschen:* Ruhm und glänzend
Roberto italienische und spanische Form von Robert
Robin englische und französische Kurzform von Robert; auch als weiblicher Vorname!
Rocco italienische Form von Rochus
Roch älterer französischer Vorname vom althochdeutschen »rohom« = schreien, Kriegsruf
Roche englische, französische und spanische Form von Roch
Rochus latinisierte Form von Roch
Rock auch Rocky; angloamerikanische Formen von Roch; auch vom englischen »rock« = Felsen her gedeutet
Rockwell *aus dem Altenglischen:* der von der felsigen Quelle
Rod Kurzform von Vornamen, die mit »Rod-« (vom germanischen »hroth« = Ruhm) zusammengesetzt sind
Roderic französische Form von Roderich
Roderich *aus dem Althochdeutschen:* Ruhm und reich, mächtig

R

Rodewald *aus dem Althochdeutschen:* Ruhm und walten, herrschen

Rodolfo italienische und spanische Form von Rudolf

Rodolphe französische Form von Rudolf

Rodrigo spanische und italienische Form von Roderich

Rodrigue französische Form von Roderich

Rody englische Kurzform von Roderich

Roeland niederländische Form von Roland

Rogan *aus dem Irisch-Gälischen:* der Rothaarige

Roger niederdeutsche, englische und französische Form von Rüdiger

Roland *aus dem Althochdeutschen:* Ruhm und kühn

Rolando italienische Form von Roland

Rolland französische Form von Roland

Romain französische Form von Roman

Roman auch Romanus; *lateinisch:* der Römer

Román spanische Form von Roman

Romano italienische Form von Roman

Romek polnische Form von Roman

Romeo italienische Kurzform von Barromeo und Borromeo; oder *lateinisch:* der Besucher Roms; auch englische Form von Roman

Romuald Nebenform und italienische Form von Rumold

Ron Kurzform von Ronald

Ronald englisch-schottische Form von Reinold

Ronan *irisch:* wie eine kleine Robbe

Ronny englische Kurz- und Koseform von Ronald; auch als weiblicher Vorname!

Roque spanische Form von Rochus

Rory *aus dem Irisch-Gälischen:* rothaariger König; oder englische Form von Roderich

Rover *aus dem Mittelenglischen:* Wanderer

Rowan *aus dem Irisch-Gälischen:* der Rothaarige

Rowen auch Rowe; englische Nebenformen von Rowan

Rowland englische Form von Roland

Roy englischer Vorname keltischer Herkunft: der Rote

Rube englische Koseform von Ruben

Ruben *hebräisch:* seht, ein Sohn!

Rubén spanische Form von Ruben

Rüdiger *aus dem Althochdeutschen:* Ruhm, Ehre und Speer

Rudo *afrikanisch:* Liebe; auch Kurzform von Rudolf

Rudolf auch Rudolph; *aus dem Althochdeutschen:* Ruhm, Ehre und Wolf

Rudolfo spanische und italienische Form von Rudolf

Ruffo italienische Form von Rufus
Rufus *lateinisch:* der Rothaarige
Ruggero italienische Form von Rüdiger
Ruggiero italienische Form von Rüdiger
Ruhi türkischer Vorname arabischer Herkunft: seelisch, psychisch
Rumold *aus dem Althochdeutschen:* Ruhm, Ehre und walten, herrschen
Rune schwedische Kurzform von Vornamen, die mit »Run-« (vom althochdeutschen »runa« = Geheimnis, Zauber) zusammengesetzt sind; auch als weiblicher Vorname!
Ruodi schweizerische Kurzform von Rudolf
Rurik nordische und russische Form von Roderich
Russell englischer Vorname französischer Herkunft: der Rothaarige
Rutger niederländische Form von Rüdiger
Rutherford *aus dem Altenglischen:* der von der Viehfurt
Ryley englische Form von Riley
Ryman *aus dem Altenglischen:* Roggenverkäufer
Ryszard polnische Form von Richard

Sabri türkischer Vorname arabischer Herkunft: Geduld, Ausdauer, Kraft; auch als weiblicher Vorname!
Saburo *japanisch:* der Drittgeborene
Sachar russische Form von Zacharias
Saffet türkische Form von Safi; auch als weiblicher Vorname!
Safi *arabisch:* rein
Sahen *indisch-pakistanisch:* Falke
Said *arabisch:* der Glückliche
Sakima *indianisch:* König
Saladin *arabisch:* Heil des Glaubens
Salih türkischer Vorname arabischer Herkunft: fromm
Salim Kurzform von Salomo
Sally auch Salli, Sallie, Sallo; Koseformen von Salomo oder Samuel; Sally und Sallie auch als weibliche Vornamen!
Salomo *hebräisch:* der Friedfertige, der Friedliche
Salvador spanische Form von Salvator
Salvator *lateinisch:* der Retter, der Erlöser
Salvatore italienische Form von Salvator
Sam englische Kurzform von Samuel; auch als weiblicher Vorname!
Sameh *arabisch:* der Vergebende
Samein arabische Form von Simeon
Samih Nebenform von Sameh
Samir *arabisch:* abendlicher Unterhalter, Erzähler

S

Samman *arabisch:* Händler
Sammy englische Kurz- und Koseform von Samuel; auch als weiblicher Vorname!
Samson griechisch beeinflusste Nebenform von Simson
Samu ungarische Koseform von Samuel
Samuel *hebräisch:* (ich bin) von Gott erhört
Samuil bulgarische und russische Form von Samuel
Sander englische Koseform von Alexander
Sándor ungarische Kurzform von Alexander
Sandro italienische Kurzform von Alessandro
Sandy englische Koseform von Alexander; auch als weiblicher Vorname!
Sanja russische Kurzform von Alexander; auch als weiblicher Vorname!
Sansao portugiesische Form von Samson
Sansón spanische Form von Samson
Sansone italienische Form von Samson
Santo *italienisch:* der Heilige
Sarad *indisch-pakistanisch:* der im Herbst Geborene
Sarge auch Sargie; englische Koseformen von Sargent
Sargent angloamerikanischer Vorname altfranzösischer Herkunft: Offizier
Sarngin *indisch-pakistanisch:* Bogenschütze (anderer Name des Hindu-Gottes Vishnu, der einen Bogen trägt)
Sarojin *indisch-pakistanisch:* wie Lotos (heilige Blume)
Sascha russische Kurzform von Alexander; auch als weiblicher Vorname!
Saul *hebräisch:* der Erbetene, der Begehrte
Saunders englische Koseform von Alexander
Saverio italienische Form von Xaver
Schura russische Kurzform von Alexander; auch als weiblicher Vorname!
Scott angloamerikanischer Vorname; eigentlich Familienname: der Schotte
Sczepan slawische Form von Stephan
Seamus irische Form von James
Sean auch Seaian, Seann, Shane; irische Formen von John, Johannes
Sebastian *griechisch:* der Ehrwürdige, Erhabene
Sebastiano italienische Form von Sebastian
Sébastien französische Form von Sebastian
Sebesta tschechische Form von Sebastian
Sedat türkischer Vorname arabischer Herkunft: Rechtschaffenheit

Selim arabische Form von Salomo

Semjon russische Form von Simon

Senwe *afrikanisch:* trockener Kornhalm (bezieht sich auf die Jahreszeit der Geburt)

Serenus *lateinisch:* der Heitere, der Glückliche

Serge französische und englische Form von Sergius

Sergej russische Form von Sergius

Sergio italienische und spanische Form von Sergius

Sergiu rumänische Form von Sergius

Sergius *lateinisch:* aus dem altrömischen Geschlecht der Sergier; ursprüngliche Bedeutung: Wächter, Diener

Serguscha russische Koseform von Sergej

Servais französische Form von Servatius

Servatius auch Servaz; *lateinisch:* der Gerettete

Seth *hebräisch:* (Ersatz-) Spross

Severin auch Severinus; *lateinisch:* der Strenge, Ernste

Sevilen *türkisch:* der Geliebte

Shalom *hebräisch:* Friede (hebräischer Gruß)

Shanahan *aus dem Irisch-Gälischen:* der Weise

Shandy *aus dem Altenglischen:* der kleine Ausgelassene; auch als weiblicher Vorname!

Shannon *aus dem Irisch-Gälischen:* der kleine alte Weise; auch als weiblicher Vorname!

Sharad *indisch-pakistanisch:* Herbst

Sharif *arabisch:* ehrlich, redlich

Shawn moderne amerikanische Form von John, Johannes; auch als weiblicher Vorname!

Sheehan *aus dem Irisch-Gälischen:* der kleine Friedliche

Sheridan *aus dem Irisch-Gälischen:* wilder Mann; oder Satyr

Sherlock *aus dem Altenglischen:* blonder oder weißhaariger Mann

Sherman *aus dem Altenglischen:* Schafscherer

Shimon hebräische Nebenform von Simeon

Shing *chinesisch:* Sieg

Shiro *japanisch:* der Viertgeborene

Sidney englische Form von Sidonius; auch als weiblicher Vorname!

Sidonius *lateinisch:* der aus Sidon Stammende

Siegfried *aus dem Althochdeutschen:* Sieg und Friede

Siegmund auch Sigmund, Sigismund; *aus dem Althochdeutschen:* Sieg und Schutz

Siegward *aus dem Althochdeutschen:* Sieg und Hüter

Siffre französische Form von Siegfried

Sigismond französische Form von Sigismund

Sigismondo italienische Form von Sigismund

Sigismund auch Siegmund; *aus dem Althochdeutschen:* Sieg und Schutz

Sigurd skandinavische Form von Siegward; oder runenschriftliche nordische Form von Siegfried

Sikko niederdeutsche und niederländische Kurzform von Vornamen, die mit »Sieg-« zusammengesetzt sind

Silvain französische Form von Silvan

Silvan Neubildung vom lateinischen »silva« = Wald

Silvano italienische Form von Silvan

Silvester auch Sylvester; *lateinisch:* im Wald lebend

Silvestre französische Form von Silvester

Silvio italienische Form von Silvius

Silvius vom lateinischen »silva« = Wald

Sima *hebräisch-aramäisch:* Schatz, Geschenk

Simeon *hebräisch:* (Geschenk der) Erhörung

Simon Nebenform von Simeon

Simón spanische Form von Simon

Simone italienische Form von Simon; auch als weiblicher Vorname!

Simson *hebräisch:* Glänzender, Starker, wie die Sonne

Sinan türkischer Vorname arabischer Herkunft: eiserne Speerspitze

Sinead irische Form von Johannes; auch als weiblicher Vorname!

Sireno italienische männliche Form von Sirena

Siro Kurzform von Sireno

Sisto italienische Form von Sixtus

Siwili *indianisch:* Schwanz eines schnürenden Fuchses

Sixte französische Form von Sixtus

Sixtus lateinische Umbildung aus dem Griechischen: der Feine, Glatte; auch nach dem lateinischen »sextus« = der Sechste gedeutet

Skipp *aus dem Altnorwegischen:* Schiffseigner

Slade *aus dem Altenglischen:* Talbewohner

Slava auch Slavko; slawische Kurzformen von Vornamen, die mit »slava« = Ruhm, Ehre zusammengesetzt sind

Slawomir *polnisch:* Ruhm, Ehre und Friede

Sloan *aus dem Irisch-Gälischen:* Krieger

Sobek polnische Form von Sebastian

Sofian *arabisch:* treu, ergeben

Solamh irische Form von Salomo

Soliman türkische Form von Salomo

Solms slawische Form von Salomo

Solomon englische Form von Salomo

Songan *indianisch:* stark

Sören dänische und niederdeutsche Form von Severin

Spalding *aus dem Altenglischen:* der von der (durch einen Zaun, eine Mauer, einen Fluss) geteilten Weide

Squire *aus dem Mittelenglischen:* Schildträger
Stan englische Kurzform von Stanley
Stanek Kurz- und Koseform von Stanislaus
Stanford *aus dem Altenglischen:* der von der felsigen Furt
Stanislao italienische Form von Stanislaus
Stanislas französische Form von Stanislaus
Stanislaus latinisierte Form von Stanislaw
Stanislav russische und tschechische Form von Stanislaus
Stanislaw *slawisch:* standhaft und Ruhm, Ehre
Stanley englischer Vorname; ursprünglich Familienname nach einer Ortsbezeichnung: steiniges Feld
Steaphan schottische Form von Stephan
Steen dänische und englische Form von Sten
Stefano italienische Form von Stephan
Sten norwegischer und schwedischer Vorname; vom runenschriftlichen »sten« = Stein
Stepan slawische Form von Stephan
Stephan auch Stefan, Stephanus; *griechisch:* Krone, Kranz
Stephen englische Form von Stephan
Sterling mittelenglische Koseform nach der alten englischen Münze; oder *aus dem Altwalisischen:* der aus dem gelben Haus
Steve englische Kurzform von Stephan
Steven englische und niederländische Nebenform von Stephan
Stig *nordisch:* Wanderer
Stirling englische Nebenform von Sterling
Stiva russische Kurzform von Stanislav
Strahan *aus dem Irisch-Gälischen:* Dichter, Weiser
Stuart englischer Vorname; ursprünglich Familienname: Hausbewahrer
Sudi *afrikanisch (swaheli):* Glück
Suleiman arabische und türkische Form von Salomo
Sunny *englisch:* heiter, fröhlich; auch als weiblicher Vorname!
Sven *nordisch:* junger Mann, Knappe
Svend dänische Form von Sven
Sweeney *aus dem Irisch-Gälischen:* kleiner Held
Swen Nebenform von Sven
Sylvain französische Form von Silvan

Tabib *türkisch:* Doktor
Taddeo italienische Form von Thaddäus
Tadeo spanische Form von Thaddäus

T

Tadhg irische Form von Thaddäus
Tadi *indianisch:* Wind
Taffy englische und walisische Kurzform von David
Tage nordischer Vorname; ursprünglich Beiname für den Bürgen und den Gewährsmann
Tahir *arabisch:* rein, sauber
Tahsin *arabisch:* Verbesserung
Tai *vietnamesisch:* Begabung
Taip türkischer Vorname arabischer Herkunft: bußfertig
Tam englische Kurzform von Thomas
Tamás ungarische Form von Thomas
Tamino *griechisch:* Herr, Gebieter
Tammes dänische Form von Thomas
Tammy englische Koseform von Thomas; auch als weiblicher Vorname!
Tancredo italienische Form von Tankred
Tani *japanisch:* Tal; auch als weiblicher Vorname!
Tankred *aus dem Althochdeutschen:* Dank oder Gedanke und Rat, Ratgeber; entspricht Dankrat
Taro *japanisch:* der Erstgeborene
Tasida *indianisch:* Reiter; auch als weiblicher Vorname!
Tasso alter deutscher oder alter italienischer Vorname; zum italienischen »tasso« = Taxus, Eibe
Tavis schottische Form von Thomas
Tayib *arabisch:* gut
Tayyip türkische Form von Tayib
Tebaldo italienische Form von Theobald
Ted auch Teddy; englische Kurz- und Koseformen von Theodore oder Edward
Tefik Nebenform von Tevfik
Teilhard französischer Vorname; Bedeutung unsicher; erster Namensbestandteil wahrscheinlich auf einen Ort bezogen, zweiter Bestandteil althochdeutsch »harti« = hart, stark, kühn
Tennessee amerikanischer Vorname nach einer indianischen Ortsbezeichnung, Name des amerikanischen Bundesstaates
Teodoro italienische und spanische Form von Theodor
Teofilo italienische und spanische Form von Theophil
Terrence englischer Vorname lateinischer Herkunft; nach dem Namen einer lateinischen Familie
Terry englische Koseform von Terence; auch als weiblicher Vorname!
Tesfay *äthiopisch:* Hoffnung
Tevfik türkischer Vorname arabischer Herkunft: der vom Glück Begünstigte
Thaddäus *griechisch:* Lobpreis; oder *aus dem Aramäischen:* beherzt, mutig
Theobald Nebenform von Dietbald
Theodor *griechisch:* Geschenk Gottes

Theodore englische Form von Theodor

Théodore französische Form von Theodor

Theodosius *griechisch:* Geschenk Gottes

Theophil *griechisch:* Gottesfreund

Thibauld auch Thibault; französische Formen von Theobald

Thibert französische Form von Dietbert

Thien *vietnamesisch:* sanft

Thierri auch Thierry; französische Formen von Dietrich

Thomas *hebräisch:* der Zwilling

Thomé französische Form von Thomas

Thor nordische Form von Donar (Name des germanischen Donnergottes); vom nordischen »thor« = kühn

Thorbjörn dänische Nebenform von Torbjörn

Thorbrand auch Torbrand; *nordisch:* Thor und *althochdeutsch:* Brand, Schwert

Thorkell *nordisch:* Thor und Kessel, Helm

Thorolf auch Thorulf; Nebenformen von Torolf

Thorsten Nebenform von Torsten

Thorwald Nebenform von Torwald

Tibère französische Form von Tiberius

Tiberio italienische Form von Tiberius

Tiberius *lateinisch:* dem Flussgott Tiberis geweiht

Tibor ungarische Form von Tiberius

Tiktu *indianisch:* Kartoffeln ausgrabender Vogel

Tilg niederländische Form von Ägid

Timofej russische Form von Timotheus

Timon *griechisch:* der Geehrte, Angesehene

Timoteo italienische und spanische Form von Timotheus

Timothée französische Form von Timotheus

Timotheus *griechisch:* Gott ehrend oder fürchtend

Timothy englische Form von Timotheus

Timur *hebräisch:* groß, stattlich

Tino italienische Kurz- und Koseform von Vornamen, die mit »-tino« zusammengesetzt sind

Titianus erweiterte Form von Titus

Tito italienische Form von Titus

Titus *lateinisch:* der Geehrte, Verdienstvolle; eigentlich Name des altrömischen Geschlechts Titius; auch mit dem Riesen Tityos in Zusammenhang gebracht

Tivedar ungarische Form von Theodor

Tivon *hebräisch:* die Natur Liebender

Tizian Nebenform von Tiziano

Tiziano italienische Form von Titianus

Tobias *hebräisch:* Gott ist gut, gütig

Toby englische Kurzform von Tobias; auch als weiblicher Vorname!

T U

Todd *aus dem Nordenglischen:* Fuchs

Tohon *indianisch:* Puma

Tom englische Kurzform von Thomas

Tomás spanische Form von Thomas

Tomaso italienische Form von Thomas

Tomasz polnische Form von Thomas

Tomislaw *slawisch:* quälen, peinigen und Ruhm, Ehre; auch polnische Form von Thomas

Tommaso italienische Form von Thomas

Tommy englische Kurz- und Koseform von Thomas

Tonio italienische und spanische Kurzform von Antonio

Toralf *nordisch:* Thor und Elf, Naturgeist

Torbjörn *nordisch:* Thor und Bär oder Mann, Held, Krieger

Tord nordische Kurzform von Vornamen, die mit »Tore-« (vom nordischen »thor« = kühn) zusammengesetzt sind; oder *nordisch:* Thor und Friede

Torolf auch Torulf; *nordisch:* Thor und Wolf

Torsten *nordisch:* Thor und Stein(waffe)

Torwald *nordisch:* Thor und *althochdeutsch:* walten, herrschen

Tracy *aus dem Lateinischen:* kühn, wagemutig; oder *aus dem Irisch-Gälischen:* Kämpfer; auch als weiblicher Vorname!

Tremayne *altkornisch (früher in Cornwall gesprochenes Keltisch):* Bewohner des Hauses am Felsen

Trevor *aus dem Irisch-Gälischen:* der Besonnene, der Weise

Tryggve *skandinavisch:* treu, zuverlässig

Tuketu *indianisch:* Staub aufwirbelnder Bär

Tung *vietnamesisch:* Baum; oder Ruhe, Würde

Tunu *indianisch:* Zwiebeln fressendes Reh

Tuomo finnische Form von Thomas

Ture schwedische Kurzform von Vornamen, die mit »Tore-« (vom nordischen »thor« = kühn) zusammengesetzt sind

Tycho angelehnt an das griechische »tyche« = Glück, Schicksal, Fügung

Tyciak polnische Koseform von Matthias

Tyee *indianisch:* Führer, Häuptling

Tyge dänische Form von Tycho

Tymoteusz polnische Form von Timotheus

Tzvi *hebräisch:* Reh; oder Gazelle

Ubald *aus dem Mittelhochdeutschen:* Sinn, Geist, Verstand und kühn

Ubalde französische Form von Ubald

Ubaldo italienische Form von Ubald
Uberto italienische Form von Hubert
Ubeyd Kurzform von Ubeydullah
Ubeydullah türkische Form von Abdullah
Ugo italienische Form von Hugo
Ugur *türkisch:* gutes Vorzeichen, Omen; auch als weiblicher Vorname!
Uilleam schottische Form von Wilhelm
Ulan *afrikanisch:* erstgeborener Zwilling
Uldarico italienische Form von Ulrich
Ulrich *aus dem Althochdeutschen:* Erbgut, Heimat und reich, mächtig
Ulrico italienische Form von Ulrich
Ulrik niederdeutsch-friesische und nordische Form von Ulrich
Ulrych polnische Form von Ulrich
Ulvi türkischer Vorname arabischer Herkunft: himmlisch, erhaben
Umberto italienische Form von Humbert
Ümit türkischer Vorname persischer Herkunft: Hoffnung, Erwartung; auch als weiblicher Vorname!
Ümran türkischer Vorname arabischer Herkunft: Blüte, Kultur; auch als weiblicher Vorname!
Uner *türkisch:* berühmt
Urbain französische Form von Urban
Urban auch Urbanus; *lateinisch:* der Stadtbewohner
Urbano italienische Form von Urban
Urias *hebräisch:* Jahwe (Gott) ist Licht
Uriel *hebräisch:* Gott ist Licht
Utatci *indianisch:* sich kratzender Bär
Uwe friesische Kurzform von Vornamen, die mit »Ot-« oder »Ul-« zusammengesetzt sind
Uzoma *afrikanisch (nigerianisch):* der bei einer Reise Geborene

Vaceslav tschechische Nebenform von Václav
Václav tschechische Form von Wenzeslaus
Vadin *indisch-pakistanisch:* gelehrter Redner
Vahdet türkischer Vorname arabischer Herkunft: Einheit, Geschlossenheit; auch als weiblicher Vorname!
Vakur türkischer Vorname arabischer Herkunft: ernst, würdig
Valâ türkischer Vorname persischer Herkunft: hoch, erhaben
Valdemar dänische Form von Waldemar
Valente italienische Form von Valentin
Valentin *lateinisch:* kräftig, gesund
Valerian erweiterte Form von Valerius

V

Valérien französische Form von Valerian

Valerio italienische Form von Valerius

Valerius *lateinisch:* aus der Familie der Valerier; vom lateinischen »valens« = gesund, stark

Valéry französische Nebenform von Valérien

Vanja slawischer Vorname; Bedeutung ungeklärt; vielleicht Nebenform von Wanja; auch als weiblicher Vorname!

Varnier französische Form von Werner

Vartan *armenisch:* Rose

Vasco *spanisch-portugiesisch:* der Baske

Vasfi türkischer Vorname arabischer Herkunft: beschreibend

Vasile rumänische Form von Basilius

Vasilij auch Wassilij; russische Formen von Basilius

Vasin *indisch-pakistanisch:* Herrscher

Vasja russische Kurzform von Vasilij

Vaughn *aus dem Altwalisischen:* der Kleine

Vautier französische Form von Walter

Vecih türkischer Vorname arabischer Herkunft: schön, gut aussehend

Veetrikki finnische Form von Friedrich

Vefik türkischer Vorname arabischer Herkunft: Einklang, Harmonie

Veit vom althochdeutschen »witu« = Holz, Wald

Vered *hebräisch:* Rose

Verner dänische und schwedische Form von Werner

Vernier französische Form von Werner

Vicente spanische und italienische Form von Vinzenz

Vico italienische Kurzform von Vornamen, die mit »vico« zusammengesetzt sind; auch italienische Kurzform von Viktor

Victorien französische erweiterte Form von Viktor

Vida ungarische Form von Veit; auch englische Koseform von David; auch als weiblicher Vorname!

Viktor auch Victor; *lateinisch:* der Sieger

Vilém tschechische Form von Wilhelm

Vilhelm bulgarische und schwedische Form von Wilhelm

Vilmos ungarische Form von Wilhelm

Vinay *indisch-pakistanisch:* Höflichkeit

Vincent niederländische, englische und französische Form von Vinzenz

Vincenty polnische Form von Vinzenz

Vincenzo italienische Form von Vinzenz

Vinod *indisch-pakistanisch:* Vergnügen
Vinzenz auch Vinzent; *lateinisch:* der Sieger
Vit französische Kurzform von Veit
Vito italienische Form von Veit
Vittorino Koseform von Vittorio
Vittorio auch Vittore; italienische Formen von Viktor
Vitulja russische Form von Viktor
Vitus latinisierte Form von Veit
Vivian *lateinisch:* der Lebensvolle; auch als weiblicher Vorname!
Viviano italienische Form von Vivian
Vivien französische Form von Vivian; auch als weiblicher Vorname!
Vladimir russische Form von Wladimir
Vladislav tschechische Form von Ladislaus
Voit französische Form von Veit
Völund dänische Form von Wieland
Völundar altnordische Form von Wieland

Waban *indianisch:* Ostwind
Waclaw polnische Form von Wenzeslaus
Wakiza *indianisch:* verwegener Kämpfer
Waldemar *aus dem Althochdeutschen:* walten, herrschen und berühmt
Waldo Kurzform von Vornamen, die mit »Wald-« (vom althochdeutschen »waltan« = walten, herrschen) zusammengesetzt sind; auch englische Form von Walter
Wallace *aus dem Altenglischen:* Mann aus Wales
Wallis englische Nebenform von Wallace; auch als weiblicher Vorname!
Wally auch Walli; englische Koseformen von Wallace oder Walter; auch als weibliche Vornamen!
Walt englische Kurzform von Walter
Walter auch Walther; *aus dem Althochdeutschen:* walten, herrschen und Herr
Wanja russische Koseform von Iwan; auch als weiblicher Vorname!
Wanko bulgarische Koseform von Iwan
Wapi *indianisch:* glücklich
Warren *englisch;* ursprünglich Familienname; *oder ursprünglich aus dem Althochdeutschen:* Wächter, Verteidiger; oder Freund
Wasil slawische Kurzform von Basilius
Wasja russische Kurzform von Wassilij
Wassilij auch Wassili, Vassilij; russische Formen von Basilius
Wazlav Kurzform von Wenzeslaus
Welty englische und alemannische Form von Valentin
Wemilat *indianisch:* er wird alles erhalten

Wenemar niederdeutsche Form von Winemar

Wenutu *indianisch:* aufklarender Himmel

Wenzeslaus latinisierte Form eines slawischen Vornamens; vom slawischen »vjenez« = Kranz und »slava« = Ruhm, Ehre

Werner auch Wernher; *aus dem Althochdeutschen:* aus dem Stamm der Warnen oder wehren und Heer

Whitney *aus dem Altenglischen:* der von der weißen Insel; auch als weiblicher Vorname!

Widar *nordisch:* Holz, Wald und Krieger

Wido auch Wito; Kurzformen von Vornamen, die mit »Wid-« oder »Wit-« (vom althochdeutschen »witu« = Holz, Wald) zusammengesetzt sind

Wieland auch Weiland; *aus dem Althochdeutschen:* kunstfertig; wörtlich etwa: Goldschmied; ursprünglich vom angelsächsischen »veljan« = List und »lund« = Gesinnung

Wilbur amerikanischer Vorname; von dem weiblichen Vornamen Wilburg abgeleitet; oder von dem Familiennamen »Wildeboer«

Wilhard *aus dem Althochdeutschen:* Wille und hart, stark, kühn

Wilhelm *aus dem Althochdeutschen:* Wille und Helm, Schutz

Willaert niederländische Form von Wilhard

Willard Nebenform und englische Form von Wilhard

Willem niederdeutsche und niederländische Form von Wilhelm

William englische Form von Wilhelm

Wilney *indianisch:* schreiender Adler

Wilson englischer Vorname; vom gleich lautenden Familiennamen; *aus dem Altenglischen:* Williams Sohn

Wilu *indianisch:* schreiendes Falkenjunges

Winemar *aus dem Althochdeutschen:* Freund und berühmt

Winfred englische Form von Winfried

Winfried *aus dem Althochdeutschen:* Freund und Friede; das englische Winifred ist weiblicher Vorname!

Winston englischer Vorname; vom gleich lautenden Ortsnamen; *aus dem Altenglischen:* aus des Freundes Stadt

Wishart *aus dem Althochdeutschen:* weise und hart, stark, kühn

Witas schwedische Form von Veit

Wladimir *slawisch:* Macht, Herrschaft und Friede

Wladislaw *slawisch:* Macht, Herrschaft und Ruhm, Ehre

Wlodzimierz polnische Form von Waldemar

Wojciech polnische Form von Adalbert

Woldemar niederdeutsche und dänische Form von Waldemar
Wolodja russische Kurzform von Wladimir
Woodrow *aus dem Altenglischen:* der vom Waldrand
Woody angloamerikanische Koseform von Vornamen, die mit »Wood-« zusammengesetzt sind
Wouter niederländische Form von Walter
Wunand *indianisch:* Gott ist gut
Wynn *aus dem Altwalisischen:* hell, der Blonde
Wynono *indianisch:* der Erstgeborene

Xaver Vorname spanischer Herkunft; Beiname des heiligen Franz Xaver, nach dem Geburtsort, dem Schloss Xavier (Javier) in Navarra
Xavery polnische Form von Xaver
Xavier englische, französische und spanische Form von Xaver
Xeno englische Form von Xenos
Xenos *griechisch:* der Fremde
Xeres englische Form von Xerxes
Xerxes griechischer Name des persischen Großkönigs mit dem hebräischen Namen Ahasver
Ximen *spanisch:* gehorsam
Xylon *griechisch:* Holz
Xystus griechische Form von Sixtus

Yadid *hebräisch:* Freund; oder Geliebter
Yadigar türkischer Vorname persischer Herkunft: Andenken
Yadin *hebräisch:* Jahwe (Gott) wird richten
Yakez *indianisch:* Himmel
Yana *indianisch:* Bär
Yancy *indianisch:* Engländer
Yannic bretonische Kurzform von Jean
Yannick schweizerische Form von Yannic
Yannis griechische Form von Johannes
Yassir *arabisch:* ins Lot bringen
Yaver türkischer Vorname arabischer Herkunft: Helfer
Yavuz *türkisch:* hart, mutig
Yehudi hebräischer Vorname; Nebenform von Juda
Yekta türkischer Vorname arabischer Herkunft: einzigartig, einzig; auch als weiblicher Vorname!
Yelutci *indianisch:* schleichender Bär
Yemon *japanisch:* Torwächter
Yeter *türkisch:* genügend, es genügt (kein weiteres Kind mehr); auch als weiblicher Vorname!
Yngve nordische Form von Ingwin
Yorck slawische Form von Georg
Yorick auch Yorrick; englische Formen von York
York englische und dänische Form von Georg
Yotimo *indianisch:* Nektar sammelnde Biene

Y

Z

Yukiko *japanisch:* Schnee

Yul schwedische Form von Yule; auch *mongolisch:* jenseits des Horizonts

Yule *schottisch und nordenglisch:* Weihnacht

Yuma *indianisch:* Häuptlingssohn

Yümnü türkischer Vorname arabischer Herkunft: Segen, gutes Zeichen

Yusuf türkische und arabische Form von Joseph

Yves französische Form von Ivo

Yvo Nebenform von Ivo

Yvor russische Form von Ivar

Zaccaria italienische Form von Zacharias

Zacharias griechische Form des biblischen Namens Sacharja; *aus dem Hebräischen:* erinnert hat sich Jahwe (Gott)

Zacharie französische Form von Zacharias

Zachary englische Form von Zacharias

Zafer türkischer Vorname arabischer Herkunft: Triumph, Sieg

Zahit türkischer Vorname arabischer Herkunft: gottesfürchtig

Zahur *afrikanisch (swaheli):* Blume

Zakarij slawische Form von Zacharias

Zakir türkischer Vorname arabischer Herkunft: der die Lobpreisungen Gottes Rezitierende

Zalo *bulgarisch:* gesund, heil

Zamir *hebräisch:* Vogel; oder Lied

Zander rätoromanische Kurzform von Alexander

Zareb *afrikanisch:* Wächter

Zarif türkischer Vorname arabischer Herkunft: vornehm

Zarin *bulgarisch:* der Zar

Zati türkischer Vorname arabischer Herkunft: persönlich, wesentlich

Zdenêk tschechische Form von Sidonius

Zdenko tschechische Form von Sidonius

Zeheb *türkisch:* Gold

Zeki türkischer Vorname arabischer Herkunft: klug, intelligent

Zeno griechische Kurzform von Zenodoros = Gottesgeschenk, Gabe des Zeus

Zenobio italienisch-spanischer Vorname griechischer Herkunft: Zeus und Leben

Zephyrinus *griechisch:* sanft wie der Westwind

Zesiro *afrikanisch:* älterer Zwilling

Ziehni türkischer Vorname arabischer Herkunft: Licht

Zlatko auch Zlatan; slawische Kurzformen von Vornamen, die mit »Zlato-« = Gold zusammengesetzt sind; entspricht Aurel

Zoltán *ungarisch;* vom türkischen Titel Sultan

Zsigmond ungarische Form von Siegmund

Zühtü türkischer Vorname arabischer Herkunft: der Asket

Literaturverzeichnis

Benvenuti, Stefano: Il nominario, Arnoldo Mondadori Editore, Milano 1996

Coghlan, Ronan: Irish First Names, Appletree Guide, Belfast 1985

De Felice, Emidio: Dizionario dei nomi italiani. Origine, etimologia, storia, diffusione e frequenza di oltre 18.000 nomi, Arnoldo Mondadori Editore, Milano 1997

Drosdowski, Günther: Lexikon der Vornamen, Dudenverlag, Mannheim, Wien, Zürich, 2. Auflage 1974

Eberhard-Wabnitz, Margit/Leisering, Horst: Knaurs Vornamenbuch, München 1985

Eder, Angelika: Das Buch der Vornamen, Buch und Zeit Verlagsgesellschaft mbH, Köln 1996

Gesellschaft für deutsche Sprache (Hg.): Internationales Handbuch der Vornamen, Verlag für Standesamtswesen, Frankfurt/M. 1986

Jacob, Lutz: Kleines Vornamenbuch, FALKEN Verlag, Niedernhausen 1998

Köhr, Dietrich: Wie soll es heißen?, FALKEN Verlag, Niedernhausen 1996/1998

La Stella T., Enzo: Santi e fanti. Dizioniario dei nomi di persona, Zanichelli editore S.p.A., Bologna, 2. Auflage 1994

Le Rouzic, Pierre: The Name Book. A Name For a Lifetime, Topos Press, Fairfield 1989

Lechner's Vornamenbuch, Lechner Eurobooks, ohne Ort 1995

Navarro, Yvonne: First Name Reverse Dictionary. Given Names Listed by Meaning, McFarland & Company, Inc., Jefferson, London 1993

Raguin, Catherine/Raguin, Philippe: L'Officiel des prénoms d'Europe, Marabout, ohne Ort 1993

Raguin, Philippe: Le Guide des Prénoms de France. 15000 Prénoms d'Origine Française et Étrangère, Éditions Liber, Genève 1997

Ricci, Ottavio Maria Rolandi: Nominario universale, coop. Erre emme edizioni, Rom 1995

Richman, Daniel Avram: From Aaron to Zoe. 15000 Great Baby Names, Little, Brown and Company, Boston, New York, Toronto, London 1993

Rosenkrantz, Linda/Satran, Pamela Redmond: Beyond Charles and Diana. An Anglophile's Guide to Baby Naming, St. Martin's Press, New York 1992

Rule, Lareina: Name Your Baby, Bantam Books, New York, To-

ronto, London, Sydney, Auckland 1986
Sala, Orietta: Il dizionario dei nomi, A. Vallardi, ohne Ort 1997
Schill, Ines: Von Alexander bis Zoe. 4000 Vornamen aus aller Welt, Bassermann'sche Verlagsbuchhandlung, Niedernhausen 1998
Schwegel, Janet: The Baby Name Countdown. Popularity and Meanings of Today's Baby Names, Marlowe & Company, New York, 4. Auflage 1997
Seibicke, Wilfried: Die Personennamen im Deutschen, Walter de Gruyter, Berlin, New York 1982
Seibicke, Wilfried: Vornamen, Verlag für Standesamtswesen, Frankfurt/M., 2. Auflage 1991
Voorgang, Dietrich (Hg.): Die schönsten Vornamen, FALKEN Verlag, Niedernhausen 1994/1995
Wallace, Carol: 20001 Names for Baby, Avon Books, New York 1992
Weitershaus, Friedrich-Wilhelm: Wie soll unser Kind heißen? Das neue große Vornamenbuch, Mosaik Verlag, München 1995
Wilen, Joan/Wilen, Lydia: The Perfect Name for the Perfect Baby, Ballantine Books, New York 1997

Guter Rat von der Erfolgsautorin

16551

16679

16536

16585

Mosaik bei GOLDMANN